乡村振兴战略下乡村旅游发展探索

徐立娣　著

中国原子能出版社

图书在版编目（CIP）数据

乡村振兴战略下乡村旅游发展探索 / 徐立娣著. --
北京：中国原子能出版社，2023.9
ISBN 978-7-5221-3030-9

Ⅰ. ①乡…　Ⅱ. ①徐…　Ⅲ. ①乡村旅游–旅游业发展
–研究–中国　Ⅳ. ①F592.3

中国国家版本馆 CIP 数据核字（2023）第 192781 号

乡村振兴战略下乡村旅游发展探索

出版发行	中国原子能出版社（北京市海淀区阜成路 43 号　100048）
责任编辑	白皎玮
责任印制	赵　明
印　　刷	河北宝昌佳彩印刷有限公司
经　　销	全国新华书店
开　　本	787 mm×1092 mm　1/16
印　　张	13.5
字　　数	208 千字
版　　次	2023 年 9 月第 1 版　2023 年 9 月第 1 次印刷
书　　号	ISBN 978-7-5221-3030-9　　　定　价　76.00 元

发行电话：010-68452845　　　　　　版权所有　侵权必究

前　言

　　在中国众多乡村，一场农村革命正在悄然兴起。乡村振兴战略，作为新时代农村改革的旗帜，将乡村发展引向全新的方向。乡村旅游作为乡村振兴的有力助推者，展现了丰富的发展前景和巨大的潜力。本书以"乡村振兴战略背景下的乡村旅游发展"为主题，旨在深入剖析这一崭新的领域，为推动乡村振兴提供理论支持与实践指南。

　　乡村振兴战略的提出，为中国农村带来了蓬勃发展的契机。在这个转折点上，我们看到了乡村发展的新动力和新希望。而乡村旅游，作为连接城乡的桥梁，承载了传统文化的传承和农村产业的转型任务。研究乡村旅游的发展模式、问题与前景，既是对时代的回应，也是对新农村建设的积极参与。

　　本书首先深入回顾乡村振兴战略的背景和总体目标。通过对国家政策的深入解读，剖析这一战略对农村全面振兴的引领作用，并揭示其与乡村旅游发展之间的紧密联系，为全书的研究奠定基础。本书全面了解当前乡村旅游的现状与发展模式。透过各地区乡村旅游的案例深入分析，将挖掘其成功之处，并为不同地域提供可行的发展路径，以期推动乡村旅游的全面升级。

　　本书为乡村振兴战略下乡村旅游的发展现状、问题与前景进行了全面深刻的研究，为相关从业者和决策者提供科学理论和实践指南，引领乡村旅游蓬勃发展的新时代。

目　录

第一章　乡村振兴战略的基本理论 ………………………………………… 1

　　第一节　乡村振兴战略的几个基本问题 ………………………… 1

　　第二节　乡村振兴战略的现实逻辑 …………………………… 14

　　第三节　乡村振兴战略的时代意义 …………………………… 20

　　第四节　乡村振兴战略的哲学意蕴 …………………………… 29

　　第五节　乡村振兴战略实施中的"新思维" ………………… 34

　　第六节　乡村振兴战略中的创新发展 ………………………… 43

第二章　乡村振兴战略的创新 ………………………………………… 57

　　第一节　乡村振兴战略的六维结构特征 ……………………… 57

　　第二节　小城镇发展与乡村振兴战略 ………………………… 65

　　第三节　乡村振兴战略下的文化创新 ………………………… 69

　　第四节　新时代乡村振兴战略的鲜明特色 …………………… 73

　　第五节　社会学视野中的乡村振兴战略 ……………………… 79

　　第六节　乡村振兴战略下的基层治理 ………………………… 84

第三章　旅游与乡村建设融合的比较分析 ……………………………… 93

　　第一节　国外旅游与乡村建设融合发展特点 ………………… 93

　　第二节　国内旅游与乡村建设融合发展特点 …………………114

第三节　旅游与乡村建设融合的发展趋势 ……………………… 139

第四章　乡村振兴战略背景下乡村旅游发展 ………………… 148

第一节　乡村振兴战略背景下旅游文化振兴乡村的路径 ……… 148

第二节　乡村振兴战略与乡村生态旅游互动融合 ……………… 153

第三节　发展乡村旅游是实施乡村振兴战略的重要途径 ……… 157

第四节　乡村旅游与乡村振兴战略关联性研究 ………………… 163

第五章　乡村振兴战略背景下乡村旅游转型升级 …………… 175

第一节　乡村振兴战略下乡村旅游发展的新路向 ……………… 175

第二节　乡村振兴战略下乡村旅游合作社发展 ………………… 183

第三节　乡村振兴战略下乡村旅游扶贫实践路径 ……………… 193

第四节　提升乡村旅游发展质量推动乡村振兴战略实施 ……… 198

参考文献 ………………………………………………………… 208

第一章　乡村振兴战略的基本理论

第一节　乡村振兴战略的几个基本问题

　　乡村振兴战略是解决"三农"问题的新思路，是中国特色社会主义进入新时代落实三农政策，建成农村全面小康的必然选择。贯彻乡村振兴战略，必须认清乡村振兴战略的科学内涵、历史发展、重大意义和具体措施等几个基本问题。正确认识和把握乡村振兴的基本问题对于推进乡村现代化发展，加强党对农村工作的全面领导具有关键的指导作用。

　　党的十九大报告总结了我国过去五年的辉煌成绩，提出了一系列重要论断，做出了一系列重要部署，系统阐述了习近平新时代中国特色社会主义思想。乡村振兴是涵盖其中的重要战略部署。"坚定不移加快农村发展，在不断提高'三农'发展水平的基础上，使广大农民获得更多物质实惠，努力使广大农民群众享受更加美好的生活。"这充分体现了新时代党中央对全国"三农"工作的关注和对农村现实的准确判断。贯彻乡村振兴战略，必须认清乡村振兴战略的科学内涵、历史发展、重大意义和具体措施等几个基本问题。正确认识和把握乡村振兴的基本问题对于推进乡村现代化发展，加强党对农村工作的全面领导具有关键的指导作用。

一、乡村振兴的科学内涵问题——理论准备

2018 年 1 月，中共中央政治局第三次集体学习时强调，乡村振兴是一盘大棋，要把这盘大棋走好。乡村振兴内涵明确，是新时代加速农村发展的创新理论。明确乡村振兴战略的科学内涵问题是中国实施乡村振兴战略的核心。

第一要辨明"乡村"是主体。这是乡村振兴战略实施的载体和基础。只有明确载体和基础，才能精准发力，精准施政。乡村振兴战略的总要求是：产业兴旺、生态宜居、乡风文明、治理有效、生活富裕。20 字的概括紧紧围绕"乡村"这一主题展开，兼顾社会、生态、经济等各个方面，不仅对中央的农村工作指明了方向，而且为乡村振兴战略实现内涵式发展提出了新要求。"创新、协调、绿色、开放、共享"的五大发展理念，乡村振兴战略的总要求正是贯彻五大发展理念，推进乡村整体建设的一条主线。乡村振兴，关键在"乡村"，深刻体现了党中央在新时代推进乡村建设、重视乡村发展的决心。进入全面建成小康社会攻坚期的重要阶段，乡村能否实现真正的小康才是检验全面小康的重要标尺。党中央要坚持把乡村的各方面建设与我国进入新时代的现实相结合，体现"新思路"，融入"新内涵"，取得"新成就"。

第二要强调"振兴"是目的。"振兴"就是要再一次实现农村地区各项事业的兴旺和兴盛，是对农村事业整体再提升和再飞跃的过程。从时间范围来看，乡村振兴站在中国特色社会主义新时代的开局之时，是崭新的事业，是农村全面"复兴"的开端，是将农村发展与党中央的全面领导相统一，实现"两个一百年"奋斗目标的兴旺之始。与其他现代化进程相比，我国农业的现代化程度依然落后，农民对美好生活的各方面需要并没有得到更好的满足。从发展理念来看，乡村振兴战略再次重申了"三农"问题为中央工作的重中之重，"优先发展"是党中央高度重视农业农村问题的体现。农业是国民经济

的根本，没有农业、农村、农民的繁荣，社会主义的繁荣便无从谈起。"振兴"是中央农村工作的综合性、全面性、整体性的提升，是农村整合发展、城乡互补发展、相互融合、协调进步的新时代理念。

第三要着眼"战略"式总揽。战略是带有全局性、关键性、系统性的国家方略。把乡村振兴提升到国家"战略"的高度，体现了党中央在新时代重视农村工作、大力发展农村各项事业的信心和决心。从现代化建设的全局着眼，在深刻分析新时代我国社会主要矛盾发生变化的基础上，提出了乡村振兴的重大战略思想，为加快建成小康社会，推进农村地区的精准扶贫做出了重要指导。"战略"是总揽，也是指引，是国家对农村未来发展的具体谋划和建设蓝图。要坚定不移深化农村改革，坚定不移加快农村发展，坚定不移维护农村和谐稳定。明确"战略"的总揽核心作用，理论上进一步加强了乡村振兴的重要地位，在实践上确立了农村发展的具体部署，系统回答了乡村发展的重要现实问题。

二、乡村振兴的发展历程问题——历史溯源

自古以来，中国的发展变迁都与乡村有着密切的联系。传统文化、历史典籍、经济生活、政治制度等都在一定程度上受到中国乡土思想的影响。近代以来，随着西方文化的不断深入，中国的现代化历程缓慢进行，乡村的发展在这一过程中相伴进行。伴随乡村的现代化历程，乡村建设实践在各方面不断推进，向着乡村振兴的目标迈进。

（一）20世纪30年代的乡村复兴思潮和建设

20世纪30年代，中国的救亡图存运动风起云涌，挽救民族危亡的有识之士把重点转移到了中国广大的农村地区。20世纪20年代中后期，随着国民革命的发展，农村地区的重要性日益显现。到30年代初期，以梁漱溟、晏阳初和方显延为代表的一批知识分子力图开展农村运动，建设农村经济，发展农

村的各项事业，希望以农村地区的振兴为开端，挽救中国社会的危亡局面。从"乡村自治"的思想萌芽到发展乡村农业、教育、合作社等主张的出现，乡村复兴思潮逐渐高涨。

梁漱溟主要在山东邹平一带开展了乡村振兴运动并不断地传播乡村复兴思想。他主张将乡村的文化建设作为重要方面，出版了多部书籍，逐渐形成了自己的乡村复兴思想。在这期间，他在邹平一带组织建立了早期的乡村组织，联系农民组成村民自治团体，发展农村的教育事业，借鉴国外经验，阐发了建立农村合作社的相关理论及乡村工业发展思想等，为建立一个众人平等、完全消灭私有的理想社会做出了努力。

与梁漱溟同时代的晏阳初在河北的定县一带开展了乡村振兴运动。针对乡村存在的"愚、穷、弱、私"等症结开展了针对性的教育活动，致力于培养农村的知识分子和进步人士，注重发展农村的文化、文艺等事业，将农村的发展、农民自身的进步成长与教育的深度和广度相联系，并且在培养人才方面也形成了独特的方式方法。随着教育的发展，晏阳初将具体的经验和教训加以总结，并向全国推广，但由于当时现实状况，加之自身力量薄弱，并未在其他地域形成规模效应。

方显延对当时的中国社会问题做了大量且深入的研究，指出中国社会积贫积弱的现象关键在农村。他首先从发展农村工业开始，逐步建立农村的合作社与合作生产组织，对农业农村的发展起到了很好的推动作用。在乡村振兴后期，它主张要将政府的推动和支持作为乡村振兴的重要支撑，只有发动社会各方力量，乡村振兴的理想才能早日实现。

民国时期的乡村振兴理论和实践，在一定程度上对当时中国社会的发展起到了推动作用，对中国农村的经济建设、社会建设和文化建设等方面做出了积极的贡献。中国知识分子在乡村复兴的实践中传播了先进思想，但由于没有触及落后的生产关系，乡村振兴理论与实践并没有从根本上改变农村发展现实。

（二）社会主义过渡时期的农村发展

1949 年新中国成立，在继续完成历史遗留任务的前提下，中国共产党在农村地区主要是以恢复农村的基本生产为主。从 1950 年开始，在艰难恢复国民经济和进行社会建设的过程中，为了进一步解决好农村的土地问题，中国共产党在新解放区进行土地改革，变封建的土地所有制为农民土地所有制，极大促进了农民的生产积极性，提高了农业生产效率。1953 年，适时地提出了过渡时期总路线，要在一个相当长的时期内，完成对农业、手工业和资本主义工商业的社会主义改造。到 1956 年，三大改造提前顺利完成，在农业方面主要以农业互助组到初级社再到高级社的形式，通过变革生产关系，建立了农业的合作化形式。人民公社体制的逐步建立，统购统销政策的实施，农业和农民问题的重合使得"三农"问题并不突出，农业生产问题的解决同时也为农村发展和农民收入问题提供了帮助。在实现土地公有制的前提下，极大地推动了农业生产，为农村工业化的发展也奠定了基础。

（三）社会主义发展新时期的农村建设

1978 年党的十一届三中全会的召开开创了中国特色社会主义建设的新时期。农村的发展也翻开了崭新的一页，农村改革再次启动。会议分析了当前中国面临的艰巨形势和任务，指出过渡时期农村生产合作化的人民公社的旧体制过于集中，无法适应当前经济社会快速发展的需要。因此，十一届三中全会提出加快农村土地改革，在全国实行家庭联产承包责任制，改变过渡时期的农业生产关系，破除计划集中的旧体制，使农民从单纯的农业生产者向市场生产和经营主体角色转变。随着农村政策的不断发展，家庭联产承包责任制逐步深化，各种形式的农村经营模式（包产到户、包干到户）也在全国迅速发展起来。进入 20 世纪 90 年代，中央在持续推进农村家庭联产承包责任制的同时，提出建立农业社会化服务体系，农村的社会化建设逐步推进。在世纪之交，中央提出要"长期稳定以家庭联产承包为主的责任制，完善统分结合的双层经营体制，逐步壮大集体经济"。在这一政策的指导下，农村单一的农业生产结构被打破，加工业和工业企业异军突起，乡镇企业纷纷建立并成为农村发展的新力量，乡村振兴走上现代化的快车道。

三、乡村振兴的重大意义问题——价值彰显

乡村振兴战略的提出为我国农村的发展带来了新的机遇，展现了党中央继承历史，开拓创新，不断完善党的农村制度，推进农村各项事业发展的勇气和信心。新时代需要新思路，农村的繁荣离不开党的正确领导，在面对我国初级阶段社会矛盾已经转变的关键时期，推进乡村振兴战略对研究农村发展、描绘农村未来蓝图意义重大。

（一）调整城乡关系，逐步缩小城乡差距的必然选择

随着1978年改革开放的政策实施，中国的城镇化由缓慢发展转向跨越式前进，城市建设在全国各地陆续展开，大批的农村劳动力转向城市，非农人口迅速增长，形成了大规模的人口由农村向城市流动的特殊时期。在城镇化的过程中，农村人口单一流向周边大城市，使得城市人口不断增加，农村人口相对减少，这就在很大程度上使得城市与农村的发展出现了人口上的不平衡。城市化发展使得城市与农村的差距拉大，城市与农村的贫富差距也随之扩大。实施乡村振兴战略统筹城市与农村两个发展大局，有利于现阶段推进农村与城市的均衡发展，逐步解决城乡发展矛盾，调整城乡关系。同时，有利于农村培植乡镇企业和农业企业形成规模效应，对于保存农村剩余劳动力，发展农村传统产业有着重要作用。同时，乡村振兴战略的实施进一步完善了农村基础设施建设，将农村各项事业与城市改革发展的政策措施相贯通，在一定程度上可以填补农村社会发展、政策措施的空白，从而可以更好地促进城乡融合，推进城乡一体发展体制机制的建立，在化解城乡矛盾，防止城乡过度分化等方面产生积极意义。

（二）深化农村制度改革的必然要求

党中央提出乡村振兴战略正是继续推进农村制度改革，深入挖掘农村剩余劳动力的必然要求，是全面建成小康社会的关键环节和实现农村发展的重要支撑。中国共产党从诞生之日就与农村有着密切的联系。改革开放以来，我国社会的生产力状况有了极大提高，农村的发展变化在各方面有了极大进步。经过一系列的农村体制机制改革，农村的生活和生产得到了明显改善。但是随着我国城市化进程的加快和农业生产力的持续发展，现行的农业生产经营体制在一定程度上并不再适合我国农村的发展，深化农村制度改革成为当今乡村振兴战略的必然要求。改革开放以后，我国农村地区的改革主要是建立了以家庭为单位的联产承包责任制，与以往相比，这一政策有了很大进步，促进了农业的生产，实现了农业产量的极大增长。随着生产力的不断发展，家庭联产承包责任制的实行也出现了许多弊端，与我国社会主义现代化的农村政策不相适应。党的十八大以来，中央在农村实现了"三权分置"的农业制度，在坚持土地集体所有权的基础上，稳定农户的承包权，放活农户经营权，这在一定程度上克服了家庭联产承包责任制的局限性，进一步促进了农村各项产业的融合发展。党的十九大报告提出，保持土地承包关系稳定长久不变，第二轮土地承包到期后再延长三十年。这一政策为解决新时代农村人地矛盾提供了新的答案，也显示了党在深化农村体制机制改革、解决农民现实问题上的决心。农户自由支配土地的权利增加，土地流转更加自由和多元，并可以展开适度的规模经营，促进了农村地区产业形态的多样化发展和经营模式的创新，为农村经济注入了新的活力。

（三）推动乡土文化再繁荣的现实需要

乡土文化的存在是中国农村地区乃至整个农业文化经久不衰的思想支撑。随着城市化的不断演进以及乡村人口的流失，乡土文化渐渐失去了传承寄托的现实基础，传统乡村出现了文化"失忆"。推动乡土文化继续发展，在

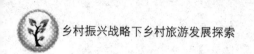

新时代展现出新的文化内涵已经成为实施乡村振兴战略的现实需要。

一方面，乡村振兴战略是复兴乡土文化价值的需要。文化价值是衡量一种文化现象的重要标准，是文化自身内涵的深刻反映。如今中国的现代化建设使得乡土文化价值不断弱化，导致乡土文化内生驱动力不足。与过去不同，如今的乡村太过于"现实化"，众多的乡土文化被社会利益所包裹，纯粹的乡土文化再难寻觅。究其原因，老一辈农村人对乡土文化依然有着深厚的情感，但迫于社会发展的压力，只能将乡土文化价值进行商业开发；而农村中的青年，由于在外接受教育、工作等，与乡村生活的日渐疏离也使其并不了解身边的乡土文化，造成了乡村文化观念的缺失。因此，乡村振兴战略的实施对于复兴乡土文化价值，延伸乡土文化的新时代内涵、展现乡土文化魅力有着至关重要的作用。另一方面，乡村振兴战略是促进乡土文化转型升级的需要。乡土文化的生命就在于其多样性、特质性和原生性，这是我国农业和农村的根之所在，是我国宝贵的文化财富，流淌着中华民族的精神血脉，既需要薪火相传，也需要与时俱进。乡村振兴战略的实施加速了乡土文化的转型升级，注重将不合时宜的文化思想及时破除，有利于不断推陈出新，促进乡土文化的内部再生和外部转化。乡村振兴战略契合了乡土文化价值复兴和发展转型的需要，二者的结合为乡村的发展增添了更多的文化内涵。

（四）提升农村地区基础教育水平的关键举措

基础教育问题一直是我国农村发展的薄弱环节。进入新时代，随着乡村振兴战略的实施，农村的基础教育事业也迎来了新的发展机遇，提升农村基础教育水平是乡村振兴战略的重要内容，对未来的农村发展具有重要意义。长期以来，由于我国农村生产力水平较低，农村发展一直落后于城市，导致农村地区的教育水平整体较低，很大部分农村只有初中及以下的各种教育形式，高中阶段教育、高等教育等在我国农村地区几乎处于空白状态。再加之农村地区的基础教育方式方法较为落后，导致农村学生纷纷向城市转移，农村教育形势更加不容乐观。乡村作为中国传统文化的发生地，需要人才的传承，需要教育的复兴，农村基础教育振兴的重任更加紧迫。

乡村振兴战略的实施为农村地区的基础教育注入了新的活力，在原有教育的基础上，进一步加快了农村地区基础教育的改革力度，破除不适宜新时代发展的各种教育体制机制障碍，因地制宜地引入农村传统文化教育，在传播、传承农村传统文化的基础上，创新农村基础教育的发展理念，注重与新时代的农村价值、农村风貌相契合，强调农村基础教育的典型性。基础教育是初等教育，也是培养现代化创新人才的教育。中国未来的发展在广大农村地区有着广阔的空间，而农村的发展必须靠人才，办好农村的基础教育，就是在为农村未来的发展储备人才、增加后备力量、奠定后发优势。基础教育对学生的影响是深刻的、广泛的，从小培养学生爱农村、爱农业的意志品质，可以培养他们对农村的深厚感情，为农村发展建设强大的"人才"宝库。同时，乡村振兴战略在提高农村基础教育水平、拓展农村基础教育广度和深度以及积极引导农村基础教育"走出去"等方面也发挥了重要的指导作用，是对农村基础教育全方位、多角度的整体提升，为农村基础教育的现代化之路指明了方向。

（五）为其他农村发展落后国家提供了解决乡村问题的新方案

从世界范围来看，各国的农村发展大部分都要落后于城市，农村的衰落已经成为全球面临的普遍问题。尤其在城市化进程快速的发展中国家，农村的落后更加显著。随着大量人口向城市涌入，农村人口逐渐减少，农村的发展失去了人这一根本动力，衰落难以避免。农村人口的流失导致严重的乡村问题，农业生产减少、城市环境问题严重、人口爆炸、农村日益凋敝等。然而，城市化、现代化发展必然会导致乡村问题的出现，乡村衰落也并非无计可施，乡村发展的美好未来关键在于政策的选择、道路的指引。

党的十九大提出的乡村振兴战略体现了中国共产党敏锐的政治眼光和对世界形势的深刻洞察。这一战略的提出是党立足中国农村现实，准确把握农村面临发展问题的治本之策。中央实施乡村振兴战略正是要从根本上改变农村的落后面貌，全力打造乡村治理的中国模式和创新标杆，结合中国实际探索乡村发展未来和农村经济新的增长方式，在坚持从中国农村实际出发的基础上，积极与世界其他国家交流农村发展的先进经验，同时积极输出中国典型模式和创新农村发展成果。通过乡村振兴战略的实施，中国与世界其他国家农村治理的联系日益紧密，在解决农村发展共性问题中不断提出新的解决措施，逐步扩大了中国的话语权，提升了我国在世界农业发展中的国际地位。中国的乡村振兴为世界农村发展落后国家提供了新的解决方案，贡献了中国智慧。

四、乡村振兴的具体措施问题——现实归宿

实施乡村振兴战略是新时代党推进农村现代化的总引擎，需要实实在在地落实。按照党中央总要求，乡村振兴战略需要在多方面下功夫，综合考虑，辨证施策。加快推进乡村振兴战略的具体实践，是促进农村地区发展的现实归宿。

（一）继续推进农村社会化服务体系，实现农村的现代化平台建设

在完善农村农业生产服务体系方面，引进先进的农业生产技术，政府加大对农村的相关投入，通过建立农村机械合作社等形式，普及农用高新技术的使用；在农业种植技术方面聘请农业专家举办讲座或进行实践指导，增加农民的专业知识，提高粮食生产种植技能。在创新农村产业化模式的同时，将连锁经营和个体规模化经营相结合，引入市场化的经营方式，组织农副产品的大型供需洽谈展览，将"走出去"与"引进来"相结合，推广产业化经营和企业化管理相结合的服务体系，拓宽服务的内容、对象和水平。推广治理土地先进技术，特别是位于东部沿海地区农村的盐碱地治理等，开发海水稻新品种，为农业发展注入新活力。

在提高农村基础设施服务体系方面，全面收集和了解农民的要求和现实

需求，围绕"便利生活、服务生产"的原则进行。在保障耕地的前提下开辟村民休闲生活广场，丰富村民的闲暇时间；成立农村文化艺术兴趣社，发扬农村乡土文化等等；完善农村路网建设，解决村民出行难题；促进农商对接，在农村建立便利店和现代物流中转站等，满足村民的购物需求；提高互联网建设，保证偏远农村地区的通信需求等。

在农村的社会事业服务体系建设方面，促进教育、医疗、社会保障等均衡发展。教育方面，注重提高教育的基础设施和教师水平，提高乡村教师待遇等；在医疗方面，为乡村大学生学医开辟专属通道，重点鼓励农村医学学生回乡就业，为特困农村地区配备专业医疗队伍；在农村养老事业方面，政府可以投入一定资金建立村级养老院，让一些年事已高，子女不在身边的老人也可以老有所依等。乡村振兴战略在推进农村社会性事业的发展上需要积极创新农业服务形式，推进以农民专业合作社为基础、供销合作社为依托、农村信用合作社为后盾的"三位一体"新型农业服务平台。

（二）将村民自治与法治、德治相结合，完善乡村综合治理体制机制

完善乡村治理的法制化是重要保障。法律高于社会道德的伦理约束，拥有最高的社会效力。乡村治理的法制化进程是治理乡村的基本手段之一。要在农村加大法律法规的宣传力度，使法律观念和懂法用法的理念深入村民的思想意识，使乡村治理有法可依；在社会治理方面，保证社会矛盾的公平解决和保证村民的利益不受侵犯。在法律机制的表达与诉求方面，继续完善相关法律机制，在处理农村社会矛盾、降低农村社会不稳定因素方面继续发挥积极作用。

将德治融入法治是必要条件。道德自古以来就有约束人们行为的作用，在农村地区，道德的这一作用更加明显且广泛存在。反观来看，法律的效力过于强制，大部分农民的法律意识较低，在不懂法而触犯法律后思想意识受到打击巨大。乡村治理需要法律的保障实施，更需要德治的引导和配合，只

有将两者有机结合，才能在乡村治理的实践中建立有序的公共秩序，改变乡村的社会面貌。因此，应将道德伦理融入法治的环境中，将两者有机结合，使法治的强制力与道德的民间约束力相得益彰，共同在乡村治理中完善发展，为乡村振兴的治理实践添砖加瓦。

（三）重视培养"一懂两爱"的先进农民，提升农民整体素质和幸福感

努力培养"懂农业"的知识型农民，提升农民整体素质。培养运用专业知识来进行农业生产的现代化农民是农村改革的重要方面。将"地由谁来种"的问题提升到战略层面；在培养新型农民方面进一步指出，政府和乡镇企业要合理加大农村的职业教育和农业技术的专门培训，将农民和教育逐步纳入国家实用型人才培养计划；广大的高等院校，特别是农业院校鼓励、引导毕业生到农村发展，投身农村建设，增强农民整体素质，建立农村地区的专业型、知识型的农民队伍。

加强对青年的"爱农村""爱农民"的"两爱"教育，增强整体幸福感。生长在农村的青年一代是我国农村建设的生力军，也是未来农村的建设者。首先要加强对农村青年的归属教育，这是前提。农村的发展变化离不开广大青年的默默付出和辛勤耕耘，农村的发展与他们的前途命运息息相关，要引导广大青年学成回到农村创新创业，支持农村，建设家乡，实现自己的人生价值。其次要加强青年的农村情感教育。作为青年，最应该首先做到的就是爱家乡，爱农村，有意识地帮助青年发现农村的美好，将国家的惠农政策、农村福利等以宣讲等形式深入青年，提高青年一代的农村情怀。最后要加强青年的农村创新创业教育。农村地区经济、科技等因素有待加强，可发挥空间巨大，潜在市场有待进一步挖掘。因此，使青年认识到农村创业的优势是关键所在，此外政府等部门提供相关的优惠政策也可以在一定程度上吸引青年的农村创业热情。

（四）践行绿色生态发展理念，建设现代化美丽乡村

把发展农村绿色生态产业作为建设美丽乡村的"总引擎"。保护生态环境、建设现代美丽乡村，发展生态产业是关键。乡村振兴为农村的发展指明了新的方向，赋予了农村产业的"绿色"内涵，发展农村生态产业是践行绿色生态理念的重要抓手，也是乡村振兴战略的应有之义。一方面，在农村大力推进绿色种植、生态经营。鼓励农户主动应对市场挑战，将"无公害、零残留、生态有机"的农产品积极推向市场，突破小农经营，作坊式生产的旧模式，创新绿色经营方式。另一方面，积极发挥政府作用，克服仅仅依靠市场驱动农业生态化转变的单一性，不断加强市场调控，提升绿色农业占有率，推广生态有机的农产品。政府要重点将绿色生态要素融入农业产业化发展的核心，提出农业发展的衡量指标，把可持续发展、生态环保、绿色有机等作为美丽乡村的经济发展目标，促进生态产业发展壮大。

把建设美丽、和谐农村作为"先手棋"，整合农村资源，科学布局、整体规划。农村面积广大，各具特点，乡村振兴战略在注重"美丽乡村"建设的过程中，需要融入绿色、科学的理念，同时注重将地形地貌与多样化的农村生态现状相结合，把乡村多功能定位与立体化产业规划相衔接，有针对性地对乡村的科学发展进行理论与实践探索。在此基础上，进一步优化改善乡村整体风貌，在满足人居环境要求的前提下，挖掘农村历史文化和民族特色，推进农村的文化事业进步，使绿色、生态、文明、宜居等成为现代化农村建设的重要标准；打造示范性标杆村，重点建设、集中发力，发挥引领性、创新性的示范作用；发展农村新型生态产业，建立生态循环农业发展基地，利用新媒体、互联网＋等，创建线上参观、宣传，线下深入体验的农村绿色生态旅游，推进农村生态发展。

（五）注重解决农业供需矛盾，推进农村供给侧结构性改革

乡村振兴战略提出了新时代我国农村发展的新要求，指明了农村发展的

新方向。进入新时代，我国经济发展逐渐放缓，产业结构升级调整步伐加快，这一变化使得农村面临供需矛盾和结构性矛盾两者共存的局面，破解农村发展的供需与供给侧矛盾，是进一步推进乡村振兴战略的关键所在。

一方面是在解决农业供需矛盾方面，需要以市场为导向，以政府的调控为助力，掌握供需市场的"前端"概况，从而有效地调解农业生产产能；有的放矢保护农民的生产积极性，实行收紧的农业生产政策，加强现有耕地的维护和再建设，注重粮食生产的安全性和可靠性，在维持现有粮食产能的基础上增加相关的政策供给；另一方面，要适时解决农村的供给侧结构性改革矛盾。农业经营主体是农村经济发展的主要动力，因此，要从扩大农业经营主体着手，从单一的农户模式通过资金、科技、政策等的投入，大力培育农民专业合作社，实行联合种养等，实现农业产业的规模化效益，发展多种经营主体；发展农业科技，创新农村管理、农产品种养殖的科学性，促进生产手段和方式方法的现代化，提高科技在农业生产中的贡献率。

第二节　乡村振兴战略的现实逻辑

乡村振兴战略的提出开启了我国"三农"工作的新征程，顺应了新时代我国历史方位的变化和发展任务的升级，在推进中国特色社会主义事业发展伟大进程中具有十分重要的作用。这一战略的现实逻辑是立足于对现阶段我国社会主要矛盾准确判断基础上的战略部署，以增强农民的获得感、幸福感和安全感为价值追求，是推动我国社会主义现代化强国建设进程的战略设计。

实施乡村振兴战略，是党的十九大做出的重大决策部署，是决胜全面建成小康社会、全面建设社会主义现代化强国的重大历史任务，是新时代"三农"工作的总抓手。分析乡村振兴战略的现实逻辑，对于贯彻习近平总书记关于乡村振兴的重要指示精神，实施好乡村振兴战略具有重要意义。

一、乡村振兴战略是立足于对中国现阶段社会主要矛盾准确判断基础上的战略部署

当前我国的社会主要矛盾已经转化为"人民日益增长的美好生活需要和不平衡不充分的发展之间的矛盾"，这种发展的不平衡与不充分不仅表现在我国经济社会发展的宏观状态，也表现在微观层面上。就宏观层面来说，这种发展的不平衡状态最主要体现在城市与农村之间的不平衡。从微观层面来看，这种发展的不充分主要体现在农业现代化进程相对滞后，农业农村的发展充满着复杂性、艰巨性和挑战性，依然是我国经济社会发展整体版图中的最大短板。只有补齐这一块经济社会发展的短板，才能释放更大的潜力，为我国现代化建设提供强大的后劲支撑。

2018年《中共中央国务院关于实施乡村振兴战略的意见》（又称"中央一号文件"）中指出，乡村振兴战略是解决新时代我国社会主要矛盾的必然要求。这表明在解决当前我国社会主要矛盾的实践中，乡村振兴战略具有重要的作用，紧紧扣住了我国社会主要矛盾的结构特征。实施乡村振兴战略，是为了以乡村发展推动我国社会主要矛盾内在结构性转变，从而达到农村发展与城市发展平衡性，使农业产业发展程度更加充分。

乡村振兴战略以"农业农村优先发展"为总方针，以"农业农村现代化"为总目标，强调从推进"城乡一体化发展"向坚持"农业农村优先发展"的转变，从推进"农业现代化"向推进"农业农村现代化"的转变，致力于打造中国经济社会发展格局更加平衡充分的状态，从而使我国社会主要矛盾在新时代乡村发展实践中得到平稳有效的解决。

农村发展的不充分是城市与乡村之间发展不平衡的内在原因之一，随着经济社会的整体发展，这种不充分积累到一定程度，必然表现为城市和乡村发展的不平衡，因而解决城乡发展不平衡的问题，必须解决农村发展不充分的问题。乡村振兴战略"坚持城乡融合发展"的原则，优先考虑农村在人才

支撑、要素满足、资金支持、公共服务上的需求，着力破解城乡发展不平衡不协调的矛盾。比如在教育问题上"推动建立以城带乡、整体推进、城乡一体、均衡发展的义务教育发展机制"；在就业问题上建立"健全覆盖城乡的公共就业服务体系"；在医疗问题上"建立健全统一的城乡居民基本医疗保险制度，同步整合城乡居民大病保险"；在公共文化上"深入推进文化惠民，公共文化资源要重点向乡村倾斜"；在人才配备上首先注重对农民的产业教育，加强农民的职业能力，使农民更加适应现代农业发展对劳动力的技能要求，同时引导高校专业人员进农村，为现代农业发展注入新鲜血液，改善农村社会智力结构，畅通智力、技术、管理下乡通道；在基础设施上"继续把基础设施建设重点放在农村，推动城乡基础设施互联互通"；在融资渠道上"建立健全实施乡村振兴战略财政投入保障制度"，加大对农村地区的公共财政投入比例，更加注重对农村的倾斜力度，使农村公共财政投入量能够支撑乡村振兴的各项任务开展；在组织领导上明确指出"各级党委和政府要坚持工业农业一起抓、城市农村一起抓，把农业农村优先发展原则体现到各个方面"等。另外，从"统筹"城乡发展到城乡"融合"发展，不仅仅是用词的变化，更是重塑城乡关系、促进农村全面进步的新路径和新要求，是对乡村振兴格局的全新构建。乡村振兴战略以推进体制机制创新为核心，致力于从打破城乡二元社会结构方面对旧体制机制进行改革创新，使得农村在与城市实现共享发展的同时获得更多的制度保障，从而强化乡村振兴制度性供给。

在解决"农业发展不充分"问题上，乡村振兴战略以建设现代化经济体系为牵引，按照产业兴旺的要求，在农业发展的质量、效益、动力方面进行改革。其主要内容是以农业供给侧结构性改革为主线，推动农业生产方式不断完善，在生产方式层面上带动农业生产力的进一步解放，使其生产力由内而外得到充分释放，变革农业生产组织形式，推动我国由农业大国向农业强国的转变。2018"中央一号文件"指出，要实施新型农业经营主体培育工程，发展多种形式适度规模经营，要实施质量兴农战略，推动农业由增产导向转向提质导向，要着力构建农村第一、二、三产业融合发展体系，大力开发农业多种功能、延长产业链、提升价值链、完善利益链等；2019"中央一号文件"指出，要加快发展乡村特色产业，充分挖掘本地区产业优势，做大做强本地品牌，提高附加值，延长产业链，把没有得到充分发展的要素激活起来，释放农村发展的强大后劲。

解决城乡发展不平衡和农业农村发展不充分问题，推进"农业农村优先发展"和"农业农村现代化"，是实施乡村振兴战略的主要任务。可以说，乡村振兴战略是立足于对中国现阶段社会主要矛盾准确判断基础上的战略部署，是解决当前我国社会主要矛盾的具体实践。

二、乡村振兴战略以增强农民的获得感、幸福感和安全感为价值追求

实施乡村振兴战略不是纯粹的经济工作方法，而是立足于新时代农民对美好生活的现实需求，以增强农民的获得感、幸福感和安全感为价值追求而做出的有温度的战略设计。

2017年中央农村工作会议明确指出："农业强不强、农村美不美、农民富不富，决定着亿万农民的获得感和幸福感，决定着我国全面小康社会的成色和社会主义现代化的质量"。将农业强、农村美、农民富与农民的获得感和幸福感挂钩，与建成"全面小康社会的成色和社会主义现代化的质量"挂钩。2018年"中央一号文件"提出乡村振兴要"不断提升农民的获得感、幸福感、安全感"，这充分体现了"为了农民，依靠农民，发展成果由农民共享"，回答了新时代乡村振兴"为谁出发，出发为了谁"的基本问题。在与农民生活联系十分密切的民生保障方面，乡村振兴战略强调"围绕农民群众最关心最直接最现实的利益问题，一件事情接着一件事情办，一年接着一年干"，要求按照计划实现贫困农村地区的全面脱贫。此外，农村面貌的改善也直接关系着农民的生活质量，关系着农民的幸福感和安全感，在这一问题上，乡村振兴战略明确要抓好农村人居环境整治，打赢厕所革命战，净化农村社会环境，

努力让农民生活得更加舒适更有尊严。

农民的获得感、幸福感和安全感不是一成不变的，随着经济社会的发展，必然也会有质和量上的提升，农民不仅仅关注自己的"一亩三分田"，更加关注乡村社会系统的整体发展，更加关注乡村发展与个人发展之间的关系，因而乡村振兴战略明确提出"坚持乡村全面振兴"的基本原则，努力实现乡村经济、政治、文化、社会、生态、组织等方面的全面提升。因此，乡村振兴战略紧扣当代农民在各方面的现实需求，统筹乡村社会系统，围绕着农民在经济、政治、文化、社会、生态中的现实诉求和美好愿景，努力实现战略"总要求"的内涵提升。比如，"产业兴旺"是农民想要的农业模样，这有助于增强农民从事农业生产的信心和动力，"生态宜居"是农民憧憬的人居环境，这回应着农民享受青山绿水、留住乡愁的至直情怀；"乡风文明"是农民想要的乡风建设，契合着农民追求更有品位更加高雅生活的情趣；"治理有效"是农民希望看到的，补足了农民追求生活上的安全感，"生活富裕"是农民最想要过的生活，是对农民追求美好生活的满足。由此可见，乡村振兴战略以增强农民的获得感、幸福感和安全感为出发点，体现着党的初心和追求，更是对以人民为中心的发展思想的生动诠释。

三、乡村振兴战略是推动我国社会主义现代化强国建设进程的战略设计

如何在新时代中国特色社会主义与社会主义初级阶段现实国情，以及我国奋斗目标三者之间的关系中找准战略定位，做好战略设计，关系着我国社会主义现代化强国建设的进程。2017中央农村工作会议指出："如期实现第一个百年奋斗目标并向第二个百年奋斗目标迈进，最艰巨最繁重的任务在农村，最广泛最深厚的基础在农村，最大的潜力和后劲也在农村。"因而，乡村振兴战略在有效推动我国社会主义现代化建设向纵深发展方面具有关键性作用。

首先，乡村振兴战略注重长远规划，在牢牢把握社会主义初级阶段的现

实国情和努力实现社会主义现代化强国的奋斗目标之间，具有承上启下的连接作用，在战略安排上与国家整体战略具有协同性。2018年"中央一号文件"明确提出了实施乡村振兴战略的三个时刻表，分别为"到2020年，乡村振兴的制度框架和政策体系基本形成，各地区各部门乡村振兴的思路举措得以确立，全面建成小康社会的目标如期实现"。"到2035年，乡村振兴取得决定性进展，农业农村现代化基本实现"。"到2050年，乡村全面振兴，农业强、农村美、农民富全面实现"。这与分两个阶段实现我国社会主义现代化强国建设目标的时间安排是完全契合的。因而乡村振兴战略每一阶段任务的完成，必将促进我国社会主义现代化建设稳步前进。

其次，乡村振兴战略强调"抓重点，补短板，强基础"，是以农业农村现代化为目标的系统战略设计。"没有农业农村的现代化，就没有国家的现代化"。乡村振兴战略从我国社会主义建设发展的长远角度来审视现阶段的"三农"工作，在国家发展的宏观层面对"三农"进行定位，以当下我国农村问题的解决为基点，规划的是农业农村在我国现代化格局中的未来发展走向，因此，乡村振兴不是短期工程，而是影响中华民族伟大复兴进程的长期工程。在党的十九大上，乡村振兴战略首次被纳入全面建成小康社会七大战略之中，体现出它在推进我国社会主义初级阶段向纵深发展进程中的重要地位。

最后，乡村振兴战略是对马克思主义经典关于消灭"三大差别"理论的实践。"三大差别"的彻底消灭是共产主义社会的题中应有之义，中国特色社会主义的发展必然要向共产主义社会方向前进。所以，从发展中国特色社会主义事业的层面来说，消灭"三大差别"始终是现阶段我国经济社会发展必须注重和考虑的问题之一。改革开放以来，我国经济社会发展从整体上来看取得了历史性成就，但由于多种因素的影响，特别是市场经济内在利益分配机制的作用，城乡之间、工业农业之间的差距不容忽视，这个城乡、工农二元结构是与"人民日益增长的美好生活需要和不平衡不充分的发展之间的矛盾"紧密结合在一起的。而乡村振兴战略的实施，是以乡村社会系统的全面振兴为引领，是包括农业、农村、农民"三位一体"的全面振兴，这种振兴是以实现现代化为目标的更大发展。按照乡村振兴战略的规划，从 2020 年到 2050 年，我们将用三十年的时间完成在社会主义初级阶段国情下中国乡村的全面现代化，这一进程是城乡之间、工农之间的差别将越来越小的过程，是城乡融合、工农互补逐步实现的过程，也是实践马克思主义经典作家关于消灭"三大差别"理论的过程。

第三节　乡村振兴战略的时代意义

党的十九大把乡村振兴战略作为国家战略提到党和政府工作的重要议事日程上来，并对具体的振兴乡村行动明确了目标任务，提出了具体工作要求。中国过去是一个典型的农业国，中国社会是一个乡土社会，中国文化的本质是乡土文化，故而，振兴乡村显得尤为重要。对于中国走出"中等发达国家陷阱"，坚持五大发展理念，建设社会主义现代化强国，实现中华民族伟大复兴中国梦具有十分重大的现实意义和深远的历史意义。

一、乡村振兴战略提出的背景

"振兴"与"衰落"是一对反义词。人类文明史上，乡村的"兴"和"衰"是一对矛盾，有兴则有衰，"衰"与"兴"有时又互为转化。城市化和工业化是乡村衰落的诱因，如何吸取和借鉴人类文明史上的经验教训，使城乡发展能够优势互补、互为促进，这是值得思考的。

从中国历史来看，中国乡村社会的"兴"与"衰"，基本可以这样界定，中国乡土社会的兴盛应为"唐宋时期"。唐宋时期，中国封建社会进入黄金时代，以乡村农民自给自足的自然经济为特征的经济生活稳定富足；以血缘纽带为基础的乡绅治理结构日趋完善；以孔孟之道和程朱理学为核心价值的社会思想深入人心。这就从经济、政治、文化三个方面概括了中国乡土社会在这一时期达到了鼎盛时期。而中国乡土社会的"衰落"则是在元明清时期。元朝统治者用游牧军事统治方式来治理被征服的农耕社会的极不协调，导致中国传统乡土社会遭到前所未有的摧残；明朝的专制集权，窒息了中国乡土社会复苏的生命活力；清朝的黑暗统治，彻底使中国乡土社会走向衰落。特别是1840年鸦片战争之后，列强入侵，在封建主义和帝国主义双重压迫下，进一步加剧了中国乡土社会衰落的步伐。诚如鲁迅在《故乡》里所描写的："……苍黄的天底下，远近横着几个萧索的荒村，没有一些活气"。这正是中国近代乡村衰落景象的真实写照。

从人类文明史上来看，乡村衰落是一个世界性的问题，是城市化和工业化驱动的必然结果。乡村衰落主要有"英国羊吃人式"和"拉美超前城市化式"两种形式。英国工业革命，推动了人类文明的巨大进步，也带来了英国自身的高速发展，但同时却是以牺牲广大农民利益为代价的。英国在17世纪进入了世界强国之列，成为"日不落帝国"，殖民地的迅猛扩大，使英国的羊毛生产和纺织品生产获得了巨大市场空间，殖民统治者为满足新市场需要而强迫广大农民破产，农田变成牧场，农民被迫转化为工人。这便是被史学家们称为"羊吃人"的英国工业发展之路，同时也是英国农村衰落的根本动因。拉丁美洲式的乡村衰落——过度城市化和超前城市化方式。拉丁美洲国家独立后城市化速度明显超过工业化速度，甚至有的国家还走上了无工业化的城市化之路。政府放弃了乡村建设，农民自己也抛弃了乡村家园，大量农民涌入城市，导致城市人口过度增长，城市建设步伐滞后于人口增长速度，不能为居民提供充分的就业机会和必要的生活条件，使得农村人口迁移到城市之后，没有实现相应的实质性转换，带来严重的"城市病"。除殖民时代建筑的城市中心区域为富人所拥有外，大量贫民则居住在城市周边的"贫民窟"。这些贫民窟成了脏乱差和"犯罪"的代名词。政府和农民自己都抛弃了乡村，致使乡村严重衰落破败。

20世纪90年代以来，中国农村经历了一场激烈的变化，尤其是西部地区，乡村衰落是一个不争的客观事实。改革开放使我们获得了巨大的物质财富，创造了人间奇迹，同时也改变了中国的社会结构和自然风貌。2.6 亿农民工进城，给城乡人口流动带来了许多变化，青壮年劳动力向城市建设市场的转移，改变着中国社会结构，空巢村、老人村、留守儿童村和贫困村……已成为当下中国（尤其是西部）广大农村不争的客观事实，留给人们的不是乡愁而是实实在在的"乡衰"。据住建部《全国村庄调查报告》数据显示：1978—2012 年，中国行政村总数从 69 万个减少到 58.8 万个，自然村总数从 1984 年的 420 万个减少到 2012 年的 267 个，年均减少 5.5 万个。

二、作为国家战略的乡村振兴战略

党的十九大报告（以下简称"报告"）把乡村振兴战略与科教兴国战略、人才强国战略、创新驱动发展战略、区域协调发展战略、可持续发展战略、军民融合发展战略并列为党和国家未来发展的"七大战略"，足见对其的高度重视。作为国家战略，它是关系全局性、长远性、前瞻性的国家总布局，它是国家发展的核心和关键问题。乡村振兴正是关系到我国是否能从根本上解决城乡差别、乡村发展不平衡、不充分的问题，也关系到中国整体发展是否均衡，是否能实现城乡统筹、农业一体的可持续发展的问题。为此报告对于乡村振兴战略提出了明确的发展思路、目标任务和具体措施。

报告再次重申我党农业农村工作的指导方针，特别强调农业、农村、农民"三农问题"始终是全党工作的重中之重。多年来，中央一以贯之地坚持"三农"优先，每年的"中央一号文件"，基本都是有关"三农"问题的内容，这基本成为一种惯例。坚持"三农"优先，在许多政策倾斜、支持力度方面自党的十八大以来显得更加突出。习近平总书记深入乡村，关注"三农"，心系人民，把农村精准扶贫作为"三农"工作的核心来抓，特别是对边疆少数民族地区更是关爱有加。2016 年 11 月中央扶贫开发工作会议上，习近平总书记再次强调：消除贫困，改善民生，逐步实现共同富裕，是社会主义的本质要求，是我们党的重要使命。全面建成小康社会，是我们对全国人民的庄严承诺。脱贫攻坚战的冲锋号已经吹响，我们要立下愚公移山的志向，咬定目标，苦干实干，坚决打赢扶贫攻坚战，确保到2020年所有贫困地区和贫困人口一道迈入全面小康社会。

乡村振兴战略提出了总体要求，就是坚持农村优先发展，按照实现产业兴旺、生态宜居、乡风文明、治理有效、生活富裕的总要求，推动城乡一体、融合发展，推进农业农村现代化。乡村的发展必然要有兴旺发达的产业支撑，只有在乡村实现因地制宜、突出特点、发挥优势，形成具有市场竞争力又能可持续发展的现代农业产业体系，乡村才能有活力，经济才能大发展；要在乡村振兴战略实施过程中，充分科学合理利用自然山水资源，有效保护生态环境，祛除乡村生活陋习，治理美化乡村生活环境，真正使乡村成为山清水秀、天高云淡、风景如画的充满希望的田野和生态宜居的美丽乡村；要弘扬乡土气息的优秀传统文化，树立社会主义核心价值观的新风尚，使整个乡村社会更加互助发展，乡邻和睦，乡风文明。乡村治理是社会治理的基础，要坚持法治、德治、村民自治相结合的治理结构，让村民牢固树立法治意识，做遵纪守法的好公民，要弘扬和传承优良的传统道德观，把尊老爱幼、济贫扶弱、维护公益作为道德标准去衡量。每一个村民的言行举止，要把乡规民约、村民自治整合起来，在保障宪法和法律实施的基础上，把乡村治理结构中的切合当地实际的村民自治与法治、德治结合起来，形成治理有序的规范体系。只有有效提高人民生活水平，实现人民对美好生活的向往，让每个人有尊严地生活在社会主义国家大家庭里，这才是实施乡村振兴的出发点和归宿。

为了有效实施乡村振兴战略，在制度和体制机制上切实保证政策的延续性，真正保障广大村民的利益，报告对农村基本经营制度进行了明确规定。报告指出：巩固和完善农村基本经营制度，深化农村土地承包关系稳定并长久不变，第二轮土地承包到期后再延长三十年。一般界定土地承包制第一轮大致以1978年开始到1997年结束，第二轮为1998—2027年，到期后再延长三十年，那就是到 2057 年，那时中国可预见的是已进入社会主义现代化强国的历史阶段。这项改革政策规定让农民吃了定心丸，能够真正成为土地的主人，从而解除政策多变的后顾之忧。同时在体制机制上创新，强调深化农村集体产权制度改革，保障农民财产权益，壮大集体经济，以增强农村党的建设的实力与活力。在生产方式上强调构建现代农业产业体系、生产体系、经营体系，完善农业支持保护制度，发展多种形式适度规模经营、培育新型农业经营主体，健全农业社会化服务体系，实现小农户和现代农业发展有机衔接，进而促进农村第一、第二、第三产业融合发展，支持和鼓励农民就业创业，拓宽增收渠道，从根本上将传统农业纳入现代农业的体系之中，变自给自足的小农业向市场化商品化的大农业转化。

为了切实保障乡村振兴战略的顺利实施，报告特别强调了要培育和造就一批懂农业、爱农村、爱农民的"三农"工作队伍。懂农业就是要在社会主义市场经济的背景下，深刻理解和把握现代农业的发展规律，真正理解和有效发挥市场在资源配置中的决定作用，敢为农业发展的开路先锋，而不是教条主义、形式主义、空想主义和保守主义的代言人，到农村瞎指挥、乱决策、祸害农民。爱农村，就是要让广大涉农机构和基层干部，真正从思想上、行动上去关注农村，深刻认识中国本质是一个农业大国，认识农业兴则国家稳，农业旺则国家强的道理，把农业这个国民经济的基础打牢，是相关涉农机关工作人员的基本职责，增强事业心和责任心。爱农民，就是要求各级领导干部和广大农村基层干部，要真正培育对农民兄长的浓浓情感，要真心实意地关心关爱农民的生产生活，要发自内心地尊重农民，拜农民为师。只有建立起这样一支懂农业、爱农村、爱农民的"三农"工作队伍，党和国家制定的乡村振兴战略才可能得到有效实施，才能达到和实现"产业兴旺、生态宜居、乡风文明、治理有效、生活富裕"的总要求。

三、近年来党和国家为振兴乡村采取的措施

当前，中国正处于快速工业化和城镇化的进程中。根据国家统计局 2014 年的统计公报，中国城市化水平已达到 54.77%，预计到 2020 年城镇化率将达到 60%。如何处理好城乡一体，避免其他国家城市化进程中所走过的弯路，走出中国特色社会主义的城镇化之路？近年来，党和政府采取了一系列措施，进行了有益的探索，如提出城乡统筹、城乡一体化发展、新农村建设、美丽乡村建设、特色小镇建设等。报告提出的乡村振兴战略，正是这一系列探索的集大成。

"两山理论"的提出。过去讲既要绿水青山，又要金山银山。其实，绿水青山就是金山银山。这便是如何正确处理生态保护与发展经济相互关系的著名的"两山理论"。

"记住乡愁"的呼唤。要依托现有山水脉络等独特风光，让城市融入大自然，让居民看得见山、望得见水、记得住乡愁。要注意保留村庄原始风貌，慎砍树、不填湖、少拆房，尽可能在原有村庄形态上改善居民生活条件；要传承文化，发展有历史记忆、地域特色、民族特点的美丽城镇。

明确"新农村建设原则"。新农村建设一定要走符合农村实际的路子，遵循乡村自身发展规律，充分体现农村特点，注意乡土味，保留乡村风貌，留得住青山绿水，记得住乡愁。

寻找脱贫攻坚的新路子——大力发展乡村旅游。脱贫攻坚，发展乡村旅游是一个重要渠道。要抓住乡村旅游兴起的时机，把资源变资本，实践好绿水青山就是金山银山的理念。同时，要对乡村旅游做分析和预测。如果趋于饱和，要提前采取措施，推动乡村旅游可持续发展。

要把厕所革命这项工作作为乡村振兴战略的一项具体工作来推进。旅游系统坚持不懈推进厕所革命，体现了真抓实干、努力解决实际问题的工作态度和作风……厕所问题不是小事情，是城乡文明建设的重要方面，不但景区、

城市要抓，农村也要抓，要把这项工作作为乡村振兴战略的一项具体工作来推进，努力补齐这块群众生活品质的短板。

乡村振兴战略的实施是一个不断积累、不断丰富的过程。在国家行政管理和具体执行层面，采取了一系列具体措施。

一是大力推进"美丽乡村"建设。2005年10月，党的十六届五中全会提出建设社会主义新农村的重大历史任务，提出"生产发展、生活宽裕、乡风文明、村容整洁、管理民主"的具体要求。

二是社会主义新农村建设。2007年10月，党的十七大提出"要统筹城乡发展，推进社会主义新农村建设"。在社会主义新农村建设的总体要求下，2008年浙江安吉县正式提出"中国美丽乡村"计划，出台《建设"中国美丽乡村"行动纲要》。

三是特色小镇建设。2016年2月，《国务院关于深入推进新型城镇化的若干意见》（国发〔2016〕8号）明确提出：充分发挥市场主体作用，推动小城镇发展与疏解大城市中心城区功能相结合、与特色产业发展相结合、与服务"三农"相结合。发展具有特色优势的休闲旅游、商贸物流、信息产业、先进制造、民俗文化传承、科技教育等魅力小镇。此后，住建部、国家发改委、财政部等中央部委出台系列文件对特色小镇建设提出了许多指导性意见和工作要求。

四是大力推进"田园综合体"试点工作。2017年2月5日，"中央一号文件"指出：支持有条件的乡村建设以农民合作社为主要载体、让农民充分参与和受益，集循环农业、创业农业、农事体验于一体的田园综合体，通过农业综合开发、农村综合改革转移支付等渠道开展试点示范。2017年6月5日，财政部下发《关于开展田园综合体建设试点工作的通知》，决定在河北、山西、内蒙古、江苏、浙江、福建、江西、山东、河南、湖南、广东、广西、海南、重庆、四川、云南、陕西、甘肃18个省自治区、直辖市开展试点工作。每个试点省份安排1个试点项目，按3年规划，共安排中央财政资金1.5亿元，地方财政资金按50%投入，3年共投入2.25亿元，最终实现"村庄美、产业兴、农民富、环境优"的目的。

四、实施乡村振兴战略的伟大意义

第一，实施乡村振兴战略的本质是回归并超越乡土中国。中国本质上是一个乡土性的农业国，农业国其文化的根基就在于乡土，而村落则是乡土文化的重要载体。振兴乡村的本质，便是回归乡土中国，同时在现代化和全球化背景下超越乡土中国。

第二，实施乡村振兴战略，本身是对近代以来充满爱国情怀仁人志士们理想的再实践、再创造。20 世纪 30 年代，兴起了由晏阳初、梁漱溟、卢作孚等人为代表发起的"乡村建设运动"。诚如梁漱溟所言，乡村建设运动，是由于近些年来的乡村破坏而激起来的救济乡村运动。梁漱溟的乡村建设方案是：把乡村组织起来，建立乡农学校作为政教合一的机关；向农民进行安分守法的伦理道德教育，达到社会安定的目的；组织乡村自卫团体，以维护治安；在经济上组织农业合作社，以谋取乡村的发展，即"乡村文明""乡村都市化"，并达到全国乡村运动的大联合，以期改造中国。晏阳初是另一位"乡村建设"的重要理论和实践倡导者。晏阳初发起并组织了一批志同道合的知识分子率领他们进行"博士下乡"，到河北定县农村安家落户，在乡村推行平民教育，以启发民智来实现他的"乡村建设"理想。他提出以文艺教育治愚，以生计教育治穷，以卫生教育治弱，以公民教育治乱，以此达到政治、经济、文化、自卫、卫生、礼俗"六大建设"。再一位乡村建设运动的倡导者便是卢作孚，他是一个实业家，他认为中国乡村衰败的根本在于乡村缺乏实业做支撑，于是他在重庆北碚开展了一系列的实业救乡村的活动，在那里修建铁路、治理河滩、疏浚河道、开发矿业、兴建工厂、发展贸易、组织科技服务，进而探索以经济发展来推动乡村建设。

虽然他们的实践在抗战烽火中中断，即使不被中断，实践也必然会失败。

因为不从根本上改造中国社会，没有一个人民当家做主的人民共和国，爱国知识分子们的满腔热血最终只会化为一盆冰水。但是他们提出的发展乡村教育以开民智，发展实业以振兴乡村经济，弘扬传统文化以建立乡村治理体系等思想，无疑是十分有益的尝试，对于今天实施乡村振兴战略仍然有着启示作用。

第三，实施乡村振兴战略，核心是从根本上解决"三农"问题。中央制定实施乡村振兴战略，是要从根本上解决目前我国农业不发达、农村不兴旺、农民不富裕的"三农"问题。通过牢固树立创新、协调、绿色、开放、共享"五大"发展理念，达到生产、生活、生态的"三生"协调，促进农业、加工业、现代服务业的"三业"融合发展，真正实现农业发展、农村变样、农民受惠，最终建成看得见山、望得见水、记得住乡愁、留得住人的美丽乡村、美丽中国。

第四，实施乡村振兴战略，有利于弘扬中华优秀传统文化。中国文化本质上是乡土文化，中华文化的根脉在乡村，我们常说乡土、乡景、乡情、乡音、乡邻、乡德等，构成中国乡土文化，也使其成为中华优秀传统文化的基本内核。实施乡村振兴战略，也是重构中国乡土文化的重大举措，也是弘扬中华优秀传统文化的重大战略。

第五，实施乡村振兴战略，是把中国人的饭碗牢牢端在自己手中的有力抓手。中国是个人口大国，民以食为天，粮食安全历来是国家安全的根本。把中国人的饭碗牢牢端在自己手中，就是要让粮食生产这一农业生产的核心成为重中之重，乡村振兴战略就是要使农业大发展、粮食大丰收。要强化科技农业、生态农业、智慧农业，确保18亿亩耕地红线不被突破，从根本上解决中国粮食安全问题，而不会受国际粮食市场的左右和支配，从而把中国人的饭碗牢牢端在自己手中。

党的十九大报告把乡村振兴战略作为党和国家重大战略，这是基于我国社会现阶段发展的实际需要而确定的，是符合我国全面实现小康社会，迈向社会主义现代化强国的需要而明确的，是中国特色社会主义进入新时代的客观要求。乡村不发展，中国就不可能真正发展；乡村社会不实现小康，中国社会就不可能全面实现小康；乡土文化得不到重构与弘扬，中华优秀传统文化就不可能得到真正的弘扬。所以振兴乡村对于振兴中华、实现中华民族伟大复兴中国梦都有着重要的意义。

第四节　乡村振兴战略的哲学意蕴

党的十九大报告首次提出实施的乡村振兴战略，是创造性运用和发展马克思主义哲学的智慧结晶，是推进新时代"三农"建设的思想纲领和行动指南。乡村振兴战略蕴含着丰富的哲学意蕴：普遍性与特殊性的统一、物质与意识的统一、两点论与重点论的统一、实践与理论的统一、外因与内因的统一。乡村振兴战略是中国共产党人在中国特色社会主义进入新时代的集体智慧的结晶。

一、普遍性与特殊性相统一的哲学意蕴

矛盾的普遍性和特殊性即矛盾的共性和个性，任何事物都是个性与共性的统一，二者相互联系、相互影响。乡村振兴既是农村地区的重要问题，也事关新时代国家国计民生和前途命运的根本问题，是关系到两个一百年奋斗目标能否如期实现的重要时代课题。因此，正确处理好乡村振兴战略的普遍性和特殊性的问题，对于走中国特色社会主义乡村振兴道路具有重要的时代意义。党的十八大以来，党中央把解决"三农"问题摆在重要地位，但是乡村振兴绝非易事，乡村振兴与社会发展的各个方面相互联系、相互作用，需要破除各种利益的藩篱，需要统筹各个方面的关系。这就要求党中央制定好解决"三农"问题的顶层设计方案，规划整体的实施方案。2018 年 1 月 2 日印发党中央、国务院《关于实施乡村振兴战略的意见》，

明确实施乡村振兴战略的总体要求、指导思想、目标任务和基本原则，"统筹谋划农村经济建设、政治建设、文化建设、社会建设、生态文明建设和党的建设，注重协同性、关联性，整体部署，协调推进"，对乡村振兴战略的实施提出更为具体、详细的指导思想和行动指南。同时，乡村振兴战略不仅是国家的整体战略，也事关不同地区农业、农村和农民的发展问题，因此要"科学把握乡村差异和发展走势分化特征，做好顶层设计，注重规划先行、突出重点、分类施策、典型引路"，充分挖掘乡村自身的功能和价值，切勿把城市治理的思路和逻辑机械地移植到农村，忽视农村建设和发展的特点，破坏原有的农村发展体系和社会网络体系。这些论述都说明了实施乡村振兴战略要从实际出发，注重普遍性和特殊性相结合原则，正确处理二者之间的关系。一方面，切合实际地把握乡村振兴的普遍性原则，统筹全局从整体出发制定乡村振兴的顶层设计规划；另一方面，注重把握特殊性的原则，坚持用因地制宜、循序渐进的方式推进乡村振兴，量力而为、量力而行，不搞一刀切，有针对性地解决不同地区乡村发展所遇到的问题。

二、物质与精神相统一的哲学意蕴

"追求物质文明和精神文明是社会进步的内在驱动力"，进入新时代以来，人民日益增长的美好生活需要和不平衡不充分的发展之间的矛盾成为新时代我国社会的主要矛盾，农村地区发展不平衡不充分问题是尤为突出，这种不平衡不充分既体现在生产力发展水平，也体现在政治、文化、生态、社会治理等领域。因此乡村振兴战略不仅要体现在物质上，通过提高生产力发展水平，不断满足人民群众对日益增长的美好生活的需求，也要体现在精神文化上，坚持物质文明和精神文明一起抓，在满足物质需求的同时，丰富农民的文化生活，提升农民精神风貌，补足农民在精神文化方面的需求。

历史唯物主义告诉我们，生产力是一切社会发展的最终决定力量，实现中国特色社会主义的乡村振兴之路，关键是要推动生产力的发展，因此乡村振兴战略以产业兴旺为重点，加快农业供给侧结构性改革为主线，夯实农业生产能力基础，实施质量兴农战略，推动农业由增产导向转向提质导向，提高第一、二、三产业的融合力度，构建现代化的农业体系。围绕农民群众最关心最直接最现实的教育事业、基础设施、社保体系、健康社会等问题，通过一系列实实在在的农业发展政策的实施，不断满足农民群众的物质需求，加快推进城乡一体化进程。农业生产力发展水平的提高，必将为推动精神文明建设提供更为坚实的基础和保障，这样在满足物质需求的同时，更要补齐精神需求的短板。乡村振兴，乡风文明是保障，在乡村精神文明建设过程中，要注重加强农村思想道德建设和公民道德建设，以社会主义核心价值观为引领，将党的各种文件精神以通俗易懂的语言向大众传播，培育农村思想道德文化建设阵地；立足乡村文明，在传承经典的基础上，推陈出新，不断赋予传统文化新的时代内涵和内容；推动各种文化资源向农村倾斜，逐步健全和完善乡村文化服务体系建设。物质生产活动和精神文明建设二者相互关联、相互影响、相互协调，实施乡村振兴战略物质文明和精神文明建设要两手抓，两手都要硬。

三、重点论与两点论相统一的哲学意蕴

矛盾存在人类社会运动、发展和变化的全过程，矛盾的普遍性原理要求在认识和分析事物中，我们既要注重总体谋划，又要牵住"牛鼻子"。在任何工作中我们既要讲两点论，又要讲重点论，没有主次，不加区别，眉毛胡子一把抓，是做不好工作的。乡村振兴战略作为谋划新时代乡村振兴的顶层设计，在中国特色社会主义新时代提出体现了对新时代"三农"问题的充分认识。因此，党中央在乡村振兴战略上，既全面统筹兼顾，又善于抓住重点和主流；既看到乡村振兴是以农村经济发展和产业兴旺为基础和重点，又善于

抓住农村社会治理、民生、文化和生态等在内发展水平的整体性提升，是乡村全面的振兴，体现了重点论与两点论的统一。

四、实践与理论相统一的哲学意蕴

"全部社会生活在本质上是实践的"，实践是人类生存和发展最基本的活动，只有通过实践人类才能获得对于事物和人类社会发展的正确认识。乡村振兴战略作为一种战略思想体现了实践与理论的统一的辩证关系原理。"实践没有止境，理论创新也没有止境"。马克思主义不是教条的理论，与时俱进是马克思主义的重要特征，换句话说，马克思主义理论的发展必须以实践条件为转移，在实践中不断赋予马克思主义新的时代特征和内涵。乡村振兴战略的诞生和发展并不是一蹴而就的，是党的主要领导人的对"三农"问题的探索的经验，根据新时代"三农"发展的具体实际，提出解决"三农"问题的重要指导思想，进一步体现了实践与理论的统一。

作为传统的农业大国，"三农"问题是事关国家发展的和社会稳定和谐的重要课题。改革开放四十多年以来，党的主要领导人坚持马克思主义基本原理和方法论，坚决反对将马克思主义当成万能公式机械的运用到实践中，将理论与实践相结合，对"三农"问题进行长期的、艰苦的探索。以邓小平为核心的领导集体，总结新中国成立以来"三农"问题正反两方面的经验，大刀阔斧地对农村经济体制进行改革，从调整农村生产关系、优化农业生产结构以及重视科技在农业发展的作用入手，极大地调动农民生产活动的积极性；以江泽民为核心的中央领导集体，继承并发展邓小平关于"三农"的思想，强调科技兴农，实行增收减负政策，为进一步解决"三农"问题提供新的思想和举措。以胡锦涛同志为核心的领导集体，以科学发展观为指导，把解决"三农"问题放在全党事业更加突出的地位，积极开创"三农"工作的新局面；党的十八大以来，强调空谈误国、实干兴邦，坚持稳中求进的工作总基调，将解决"三农"的问题作为工作的重中之重，一系列惠及"三农"的政策落地生根，"三农"建设取得显著成就，为新时代乡村振兴战略的产生和发展奠定坚实的基础。

改革开放以来，党的主要领导人在没有任何可借鉴的先例和经验之下，对"三农"问题进行长期、艰苦的探索，所取得的重要成就体现了党遵循对客观事物的正确认识，将理论与实践相结合，对"三农"问题进行脚踏实地、一步一个脚印的探索，实现了解决"三农"问题从有到无的历史性跨越。毫无疑问，应运而生的新时代乡村振兴战略，表明党中央对解决"三农"问题的目标和实施方式越来越明确，是我们党勇于坚持实践第一的基础上，不断认识、实践、再认识、再实践，大胆探索，反复实践使理论与实践紧密结合，在"三农"问题上实现了实践基础上的理论创新。

五、外因与内因的统一

事物的变化都是外因与内因相互作用的结果，内因决定着事物发展根本趋势，外因对事物发展起着加速或延缓的作用。乡村振兴战略作为新兴的政策其外因是起着重要推动力的国家和社会，内因是农民自身的内生力量。实现乡村振兴，走中国特色社会主义乡村振兴道路，要充分发挥国家、社会及个人的力量。实施乡村振兴战略既要发挥党中央统领全局的核心作用，制定实施国家质量兴农的战略规划，建立健全各种考核和评价体系，加快构建农业对外开放的新格局，深入实施乡村绿色发展等顶层设计规划，也要不断汇集全社会力量，加快形成财政优先保障、金融重点倾斜、社会积极参与的多元投入格局。可见，实施乡村振兴战略需要充分发挥国家、政府和社会力量在乡村振兴中的重要作用，不断增强乡村振兴战略实施的外部力量。

事物发展是内外因相互作用的结果，乡村振兴战略的内在主体是农民，充分尊重农民意愿，切实发挥农民在乡村振兴中的主体作用，调动亿万农民的积极性、主动性、创造性，从加强农村社会教育、医疗、卫生、环境、社会治理、社会保障制度体系建设入手，强化乡村振兴的制度性供给，为发挥农民在乡村振兴中的内在作用提供坚实的制度保障；以乡风文明建设为保障，切实加强农村思想道德建设、文化建设、传承优秀乡村文化，培育新时代具有科学文化素养和良好精神风貌的农民；以摆脱贫困为前提，激发贫困人口脱贫的内在动力，将扶贫与扶志、扶智相结合，摒弃传统的"输血式"的帮扶模式，引导贫困群众克服等、靠、要的传统思想，加大扶贫政策和扶贫专项资金向贫困地区和贫困群众的倾斜力度，增强贫苦农户发展能力，促进形成自立自强，艰苦奋斗争先脱贫的良好精神风貌，为乡村振兴战略的全面开展打下坚实的群众基础。可见，乡村振兴战略既要坚持外因与内因的统一，将国家、政府和社会各种力量参与进来，形成乡村振兴的外在动力；又要提升亿万农民自身的内生动力，提高他们建设新时代新农业、新农村和新农民的积极性、主动性和创造性。

第五节　乡村振兴战略实施中的"新思维"

乡村振兴战略的实施是个全新的事业，全新的事业需要全新的思维来谋划、来支撑，从乡村振兴战略的全局来看：城乡关系布局中的新思维，土地制度安排中的新思维，"顶层设计"中的新思维。这"三位一体"的新思维是乡村振兴战略实施中的支柱性思维。只有把这"三位一体"的新思维贯穿于乡村振兴战略实施的全过程之中，乡村振兴战略必然会呈现出新的愿景。

从总体上看，乡村振兴战略实施中的那些更高级的东西应该包括三个方面的内容：一是城乡关系布局中的新思维；二是土地制度安排中的新思维；三是"顶层设计"中的新思维。

一、城乡关系布局中的"新思维"

(一)城乡关系布局的重要性

中国社会一直处于农业文明之中,直到 2006 年元月 1 日,农业税的全面废除,才标志着中国社会真正进入工业文明之中。就城乡关系的布局来看,工业文明处理城乡关系的思路是:城市支援乡村,城市与乡村实现一体化。这种城市支援乡村,城市与乡村的一体化:一方面城市与乡村之间的资金、技术、人才等经济社会发展的诸要素无障碍地互相流动;另一方面城市与乡村之间又有天然上的功能分工,也就是说"城市是城市,乡村是乡村",各自守护着自身的"功能上的边界",各得其所,相得益彰。而农业文明则不同,中国的农业文明持续时间最长,也最为典型。在中国农业文明思维的模式之下,一直遵循的是单向的乡村支援城市:一方面乡村是城市正常运转的赋税来源;另一方面乡村是城市正常运转的人力资源的来源。中国古代是如此,中国近现代也是这样。为什么中国共产党干革命走农村包围城市的道路?关键是中国共产党看到了以农业文明主导的中国社会,城市是靠乡村支撑的。占据与经营好农村,就等于切断了城市的财路和人力资源的来源,城市也就掀不起大的风浪,也就是说,此时的城市是"不可持续"的。所以中国共产党干革命要在农村建立"革命根据地",这是由中国社会农业文明这个大的背景决定的,是符合农业文明布局城乡关系的这个"思维"规律的。新中国成立后,虽然是新中国,但新中国仍然处于农业文明这个大的背景之中,所以布局城乡关系,仍然是农业文明的思维方式,城乡关系仍然是乡村支援城市。只不过是把乡村支援城市的这种关系在计划经济的背景下发展到了极致——用人为的制度把城市与乡村隔开,从身份上把城市居民与乡村村民隔离。这在中国五千多年的文明史中是没有过的,从世界史的范围来看也是没有的。最根本是农业文明的思维使然。现在,虽然中国社会进入新时代，但仍然处于工业文明的初期，工业文明初期的工业化、城镇化，从世界各国经济社会发展的规律来看，由于不同产业之间收入的差别，第一产业资源向第二、三产业流动是一个规律，也就是说由乡村资源向城市的"单向"流动是个规律。但随着工业化向深层次推进、随着城镇化率增长的极限的到来，这种状况就会改变，会出现第二产业、第三产业的资源向第一产业的回流，进而实现第一产业与第二产业、第三产业的资源相互之间自由地"双向"流动，也就是说由过去的自由"单向"流动转变成自由地"双向"流动，这也是一个规律。这是乡村振兴战略实施中必须注意把握的。

（二）双轮驱动的价值

市场在资源配置中的决定性作用和政府更好地发挥作用是乡村振兴战略中的"车之两轮，鸟之两翼"。让"两轮""两翼"的价值光辉照亮乡村振兴战略的全程。市场是与"资本"相联系的，资本的"趋利性"是资本的天然属性，与"人性"中的天然"趋利性"是相一致的。哪里有资本的积聚，哪里就有"人气"的涌动。马克思在《资本论》中指出："一旦有适当的利润，资本就胆大起来。如果有10%的利润，它就保证到处被使用；有20%的利润，它就活跃起来"。乡村振兴战略的实施，最终的检验结果是乡村的"人气"的持续涌动。而"人气"的持续涌动靠的是资本的积聚，而资本的积聚要靠市场来撬动，所以要充分发挥市场在资源配置中决定性的作用，让资本在乡村积聚，从而带动乡村的"人气"的涌动。但资本有其天然的缺陷，马克思在《资本论》中指出：资本"有50%的利润，它就铤而走险；为了100%的利润，它就敢践踏一切人间法律；有了300%的利润，它就敢犯任何罪行"。从这里可以看出，在乡村振兴战略中，如果资本的使用不受到约束，人性的趋利性不受规范，就会破坏乡村振兴战略的实施。在这里社会主义制度就起作用了，社会主义制度是抑制资本巧取豪夺的安全阀，表现为社会主义的制度逻辑规范资本的逻辑；社会主义法治逻辑规范人性的逻辑。正如党中央、国务院《关于实施乡村振兴战略的意见》中明确指出的那样："强化乡村振兴法治保障，充分发挥立法在乡村振兴中的保障和推动作用。"

二、土地制度安排中的"新思维"

乡村振兴绕不开土地制度的安排，包括土地制度性质的安排、土地制度实现形式的安排，在人类社会的发展史上一直在悄悄地发挥着基础性的"牵引"作用。

（一）土地制度性质的不同安排使局面不一样

土地制度问题一直是困扰中国数千年文明史的重大问题。就拿两千年的封建社会来说，一直解决不了王朝更迭、朝代轮替的"周期律"。究其根源，主要是两千年的中国封建社会实行的是"土地私有制"。"土地私有制"有一个致命的缺陷，就是每次新王朝建立的时候都对土地进行调整，达到一种相对均衡，但这种均衡不可持续，主要原因是土地可以自由买卖。由于社会的"铁律"是优胜劣汰，当每次王朝兴盛之后，一方面经济发展起来了，有了经济实力的人，就从穷人的手中购买土地；另一方面被生活所迫之人又不得不出售手中的土地。这种状况恶性发展，就出现"富人良田万顷，穷人无立锥之地"，于是经常爆发以"均田地"为口号的农民起义，于是王朝更迭、朝代的轮替也就出现了，如此循环往复数千年。中国共产党发现了这个规律，把革命的立足点放在了农村，通过"打土豪，分田地"唤醒农民的革命意识，走农村包围城市的道路。但无论在革命时期，还是在建国初期，分给农民的土地仍然是"私有制"的。只要土地的私有制存在，就会产生分化，就会产生历史上的"恶性循环"。为了解决这个历史的难题，新中国成立后不久通过"合作化运动"实行乡村土地"公有制"，切断了政权更迭的源头，以此突破"土地私有制"导致农民起义，从而引起"政权轮替"的制度性缺陷。这是中国共产党对中国数千年"土地制度"的第一次实质性突破，是党的第一代领导集体留给我们的宝贵的政治遗产。乡村无论怎样振兴，土地公有制的性质坚决不能变。

（二）土地制度实现形式的不同安排使局面不一样

"合作化"使乡村社会的土地制度由"私有制"转变为"公有制"，但这种公有制在乡村的实现形式却是一个全新的课题。一是由于新中国是建立在"一穷二白"的基础上的，这里的"一穷"指的是当时的全国上下都穷；"二白"指的是工业文明的物质基础是一片空白，所以新中国当时是处于农业文明的思维方式之下。二是在这种农业文明的思维方式之下，新中国又迫切地想让中国社会尽快地进入工业文明社会，只能采取"乡村支援城市"的模式，在实行计划经济的基础上，尽快建立中国社会工业文明的物质基础。由于农业文明思维安排城乡关系的模式，加上"计划"，再加上"尽快"，也就是"多、快、好、省"地建设社会主义。这"三位一体"的共同作用，使乡村社会土地公有制的集体经济出现过度"行政化"的特征。乡村社会土地公有制集体经济的过度"行政化"，张扬了集体公有制土地的"所有权"，压抑了集体公有制土地的"使用权"，束缚了集体公有制土地的"经营权"。于是农民对于土地，只有空洞的概念上的"所有权"。经过改革开放，集体公有制土地的"使用权""经营权"回到农民手上，形成现在的"三权"（"所有权""承包权""经营权"）。但总结改革开放 40 多年来的经验，出现了两大问题：一是过度张扬"使用权""经营权"而置"所有权"于不顾，使集体的"所有权"旁落，导致集体经济"名存实亡"，这是必须要纠正的。在实现"三权分置"的同时，要强调"三权协同"，这是乡村振兴战略中的重大原则问题，否则乡村振兴战略的实施就没有根，也就没有物质基础，是不可持续的。这与我们国家的公共哲学观、国家治理理论是背离的。二是改革开放之前，许多生活在乡村的村民想跟城市一体化，但集体土地所有制，以及附着在集体土地所有制上的身份地位使这些人无法参与城市一体化，只有通过招工、当兵、高考才有可能成为城里人。现在情况变了，城市想跟乡村一体化，想回到乡村生活，又是这集体土地所有制无形的墙把人拒之门外。所以集体土地所有制实现形式如何安排，使资源和要素在城乡之间充分流动，应该是乡村振兴战略的要义之一。现在有的地方通过"乡贤协会"这个创新平台，让乡贤在乡村振兴"在场"发挥作用。由于乡贤中有绝大多数是"离场"的，尤其体制内的乡贤，按照相关规定，乡贤的户籍已经迁入工作地，这就意味着乡贤失去了乡村生活的"根基"，特别是在宅基地和墓地方面，无法享受村民同等待遇。基于这种情况，有的乡镇、村，以《村规民约》的形式，给回乡的乡贤安排宅基地、墓地，以"在场"的方式充分发挥作用。这是很好的探索，既有利于乡村振兴，又符合中华传统文化中的"要义"。

三、"顶层设计"中的新思维

乡村振兴作为"战略"提出来，"顶层设计"是其要义，因为乡村振兴战略包含了乡村振兴战略的背景、决策、部署、实施的系统内容，具体表现在四个方面：一是涉及乡村自身振兴的大问题；二是涉及城乡一体化过程中系列问题；三是涉及治国理政中的国家公共哲学、国家治理理论、国家治理体系优化的深层次问题；四是涉及向全人类贡献中国智慧、中国经验、中国方案的大问题。"顶层设计"落实到乡村振兴中，首要的是"治理"的思维，接着是"创新"思维，"生态文明"思维，以"功能"为导向的思维。

（一）"治理"思维

乡村社会由于贫困的精神和精神的贫困两种现象的同时存在，并且恶性循环，导致乡村社会目前深层次的精神现象是"文化断裂"，为了在乡村振兴中应对这个问题；加上乡村振兴在客观上是多主体参与的；再加上乡村社会是自治的；同时《宪法》第二条又规定："中华人民共和国的一切权力属于人民。人民依照法律规定，通过各种途径和形式，管理国家事务，管理经济文化事业，管理社会事务"。所以，围绕乡村振兴战略的实施，"治理"思维的确立是乡村振兴战略实施中的"纲",纲举才能目张。最新的治理理念是基于世界银行援助发展中国家的资金、项目的运行情况而提出来的。世界银行由于是国际民间组织,对于资助的对象国出现腐败、低能、低效、专制等现象没有干预内政的权力,而只能采取监督、问责的办法,于是新的"治理"理念应运而生。新的治理理念目前被界定为:一是公平而有效的惯例和组织制度;二是惯例和组织要强调效率、效益、参与民主、法治、开放、透明、回应、问责、公众舆论支持、公平正义、有战略目标,这也就是人们提倡的"善治"。追求民主、效率和高尚的道德标准。而乡村振兴战略的实施是在村民自治这个大的社会背景下进行的。自治的本身就是多主体的行为,这就需要有效的自治惯例,如在各主体之间,村民这个主体是当家作主的,其他的主体都是平等的参与者;有效的组织制度,如《村民委员会组织法》《中国共产党农村基层组织工作条例》等,这些自治惯例和组织制度都要体现"善治"所包含的理念。只有将"治理"理念贯穿于乡村振兴战略的实施全过程,乡村振兴事业才能出现有为的局面。

(二)创新思维

现状是创新的前提,创新是现状的提炼。中央之所以提出乡村振兴战略,显然是因为乡村社会的发展滞后,内生动力不足。正如党的十九大报告指出的:"我国最大的发展不平衡,是城乡发展不平衡;最大的发展不充分,是农村发展不充分"。这种现状就为创新提供了前提,尤其是在国家大力推动创新、鼓励创新的这个大的环境下,乡村社会的创新动力和创新能力就显得特别重要。创新动力来自宽广的视野、不满足现状的愿景和创新创业的精神,敢于冒险、敢于担当、敢于成功,人民对美好生活的向往,本身就是巨大的市场。中央推动的要干,中央没有推动,但乡村社会有发展需求的更要干,这就是创新。所以,在乡村振兴的事业中,创新思维、创新行动既是"新动力",又是新动能。

（三）生态文明的思维

由于人类文明进步有两个基本关系必须处理好：一是人与人的关系，二是人与自然的关系。人与人的关系处理不好，会带来社会动荡、国家衰败。乡村振兴战略的提出与实施，就有解决城市居民与乡村居民之间关系的含义在里面，因为当前，我国最大的发展不平衡，是城乡发展不平衡；最大的发展不充分，是农村发展不充分。同样，人与自然的关系处理不好，也会带来社会崩溃、文明衰退，这是一个客观规律。新中国成立之后，人们的生产生活状态发生了重大变化。在新中国建国初期的很长的一段时间，由于国家穷，"生存型"是绝大多数人生产生活所处的主要状态；经过改革开放，整个国家的物质基础，包括农村的物质基础都发生了重大变化，总体上实现了从"生存型"向"发展型"的跨越。由于人类与自然是生命共同体，人类只有遵循自然规律才能有效防止在开发利用自然上走弯路，人类对大自然的伤害最终会伤及人类自身，这是无法抗拒的规律。所以，党的十八大把生态文明建设纳入"五位一体"总体布局，提出建设美丽中国的目标，并分别部署生态文明体制改革、生态文明法律制度、绿色发展的目标任务。确立了"生态型"生产生活方式，也就是既要创造更多物质财富和精神财富以满足人民日益增长的美好生活需要，也要提供更多优质生态产品以满足人民日益增长的优美生态环境需要。目前体现生态文明的标志性的有两件事。一是从 2018 开始起征 500 亿元的环境保护税。二是从 2014 年开始建立"碳汇制度"，空气开始能卖"钱"，这是过去想都不敢想的。空气怎么能卖钱？但 2014 年就开始能卖钱了，这是中国率先进入生态文明的主要标志。正是因为我们的生产生活方式由"生存型"到"发展型"再到"生态型"转变，所以在乡村振兴战略的实施中要牢固树立社会主义生态文明观。一是从自身做起，从自己的每一个行为做起，坚持节约资源的基本国策，推进节能、节水、节地、节材、节矿，节约一切自然资源，打通生产与消费环节，更好地推进循环经济发展。二是针对农业农村污染防治相对薄弱的问题，加大对农业农村污染防治的工作力度和资金投入，发展绿色农业、建设美丽乡村。三是形成节约资源和保护环境的空间格局、产业结构、生产方式、生活方式，自觉贯彻节约优先、保护优先、自然恢复为主的方针，推动形成人与自然和谐发展的乡村振兴格局。

（四）以"功能"为导向的思维

乡村振兴战略的实施，实际上是多方主体针对乡村振兴这一事业的大会战。多方主体包括党的组织、政府组织、乡村自治组织、乡村社会组织、企事业单位组织等，以及村民群体与个体。党组织是"总揽全局，协调各方"，是属于组织、领导。政府组织是"具体执行"，是组织实施。但由于公务员队伍中有 80%是党员，领导干部队伍中有 95%是党员，所以党的组织与政府组织因党员这种身份，越到基层，越可以整合，也就是凡是涉及乡村振兴事业的，就可以"出门一把抓，关起门来再分家"。乡村自治组织是乡村振兴的主体与载体。乡村社会组织一般都具有行业性、专业性的，或者如妇女组织则有性别上的规定，团的组织则有年龄上的约束性。这些组织是乡村自治组织的有益补充。企事业单位有些是直接面对乡村的，有些是响应党和政府的号召参与到乡村振兴战略中来的。至于村民群体和个体更不可忽视，动员效果好，就能实现"众人拾柴火焰高"；动员效果不好，就成为乡村振兴事业的"旁观者"。从本质上来看，村民群体和个体实际上是乡村振兴的"当事人和受益者"。如果"当事人和受益者"成为"旁观者"，就会出现"上头热，下头冷"的局面，这是乡村振兴战略实施过程中最不愿意看到，也最不应该发生的局面。所以各级党组织和政府组织一定要未雨绸缪，以"功能"为导向。一是结合新一轮的机构改革，强化乡村振兴战略实施中机构需要具备与强化的职能。二是梳理现有参与乡村振兴事业诸主体的功能，将功能相同或相近的进行整合，形成一个"拳头"。三是建立乡村振兴战略的"定期检讨"机制，一方面将成功的经验，依据《立法法》，提请有立法权的人大授权"试点"；另一方面将在实践中证明不利于乡村社会向上、向善的办法与措施及时纠正。

　　总之，乡村振兴战略的实施，是个全新的事业，全新的事业就需要全新的思维来适应、来谋划，只有这样，乡村振兴事业才会出现美好的愿景。

第六节　乡村振兴战略中的创新发展

　　乡村振兴战略是新时代发展要求下解决我国"三农"问题的新战略、新部署和新要求，创新位居新发展理念之首，创新发展贯穿于乡村振兴战略始终。发展理念创新是引领乡村振兴的行动指南，制度建设创新是其重要保障，发展动力创新是主要力量，路径创新是实现乡村振兴的有力举措，这四个维度的创新耦合成乡村振兴发展的不竭动力，将推动乡村振兴由蓝图走向现实。

　　党的十九大报告首次提出实施乡村振兴战略，"要坚持农业农村优先发展，按照产业兴旺、生态宜居、乡风文明、治理有效、生活富裕的总要求，建立健全城乡融合发展体制机制和政策体系，加快推进农业农村现代化"。这是我们党着眼经济社会发展全局及深刻把握现代化发展规律做出的战略部署，是解决"三农"问题宏大而艰巨的发展战略。正所谓"农村稳则天下安，农业兴则基础牢，农民富则国家盛"，"三农"问题是关系国计民生的根本性问题，乡村振兴战略的提出是国家在新时代"三农"发展新阶段新规律新任务的基础上做出的重大战略部署，是新时代"三农"问题发展的必然要求。

　　实施乡村振兴战略是中国特色社会主义进入新时代新的"三农"工作战略，发展是解决我国一切问题的基础和关键，以发展促振兴，贯彻新的发展理念，坚持创新发展是国家发展的核心动力，乡村振兴战略正是贯彻新发展理念，建设现代化经济体系的重要体现。创新理念贯穿国家的一切工作，创新是一切社会形态生存发展的动力，没有创新就没有发展，创新作为新发展理念之首，是指引和推进落实乡村振兴战略的第一动力，也是实现农业农村

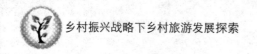

农民全面发展的驱动力。

一、理念创新是引领乡村振兴战略的行动指南

发展理念是国家发展思路、发展方向、发展着力点的集中体现，理念创新是对中国特色社会主义发展规律的新认识、新概括和新提升。乡村振兴战略的理念创新是在深刻总结国内外发展经验教训的基础上提出来的，是致力于破解农业农村农民发展难题，增强发展动力，厚植发展优势的治本之策，也是农村实现更高质量、更高效率、更加公平、更加可持续发展的必由之路。

（一）理念创新始于乡村振兴概念的提出

在党的十九大报告中首次明确提出乡村振兴战略。乡村振兴战略在如此重要级别的报告中作为一项战略被单独提出，并且位居重要位置，其重要程度可见一斑。乡村振兴战略正是在这种创新使命思维下提出的"三农"发展战略，是在历史、现实和未来贯通的时间思维下提出的重大创新发展战略。历史、现实、未来是相通的。历史是过去的现实，现实是未来的历史。在坚持中发展，在继承中创新。有坚持，有继承，才能将过去、现在和未来联系起来；有发展，有创新，才会有现在优于过去、未来超越现在的前进运动。乡村振兴战略创新理念的提出正蕴含着这样的历史辩证法。

纵观乡村振兴战略提出的历史脉络，我们不难发现，实施乡村振兴战略是开启全面建设社会主义现代化国家新征程的必然选择。民国时期曾推动乡村复兴，由于正遇世局动荡不安，国家积贫积弱、内忧外患的局面，实在无力推动实现乡村复兴；改革开放 40 多年以来，农村改革带动了乡村的全面发展，我国农村农业也同国家其他事业一样飞速发展，取得了历史性的成就；党的十八大以来，中央出台的一系列强农惠农政策，实现了农业的逐年增收、农民收入的持续提高和农村社会的和谐稳定，社会主义新农村建设给农村带来了翻天覆地的变化。但因历史欠账太多，又受多种因素的制约，我国"三农"问题依然突出：农村社会事业发展滞后，城乡居民收入差距较大，农业基础仍不稳固，城乡发展不平衡、不协调的矛盾仍然突出；长期以来，资源要素单一从乡村流向城市的局面未能根本性扭转；农村劳动力大量外出，留守农村的大多为妇女、老人和儿童。以"农村的空心化"严重、"农业的边缘化"加剧及"农民老龄化"的趋势日益突出为特点的新"三农"问题，成为全面建成小康社会、基本实现现代化和实现中华民族伟大复兴的短腿短板。解决好"三农"问题始终是全党工作的重中之重。审视当今，国强城富政通，可谓承天时、得地利、顺人和，乡村振兴正逢其时，大有可为。

那么，乡村振兴的提出为何未使用"乡村复兴"这一概念呢？笔者认为，理念创新始于乡村振兴这一概念的提出，使用"振兴"而非"复兴"，有着深刻的内涵。首先，释义"振兴"和"复兴"。依据百度百科，"振兴"解释为：振发兴举，增强活力；举拔；整顿恢复；使发展、兴盛。"复兴"则指：衰落后再兴盛起来，再创辉煌；春回大地、万物复苏。其次，分析政策语境。翻阅历次中央及有关文件，使用"振兴"的主要有"振兴东北老工业基地"；使用"复兴"的主要有"中华民族伟大复兴""复兴之路""复兴号"高铁等。那么总体来说，第一，"复兴"政治术语层次显然更高，"振兴"次之。第二，之所以使用"振兴"而非"复兴"，这表明中央并不认同乡村衰败，乡村发展并非是衰败后的"复兴"。诚然，乡村存在诸如空心村、空巢村、发展滞后等各类"乡村病"，但这实际是城镇化过程中的阵痛，类似于城市发展中出现的交通拥堵、环境污染等各类"城市病"，是伴随城镇化进程的阶段性特征，必须客观正视。从数据分析也可以看出，2017 年第三次全国农业普查结果显示，2016 年年末全国有乡镇 31 925 个，比 2006 年减少 8.1%；村委会和涉农居委会 596 450 个，减少 6.4%；自然村 317 万个，减少 3.8%。可以肯定的是，随着城镇化进程的加快推进，乡村组织的数量确实在减少。大多数乡村的逐步消亡是发展规律，也是必然趋势，但并不能认为这是乡村的衰败，而且从历史的维度纵向来看，我国乡村实际是处于逐步发展之中的，目前还有很多地域特色突出、产业基础较好、规模体量较大、发展潜力较高的村庄，现在的振兴旨在整顿恢复，使其增强活力，振发兴盛。最后，乡村振兴战略有别于民国时期的乡村复兴运动，乡村振兴的选择是在新的时代背景下，站在新时代的历史起点上，做出的具有新时代、新特征、新模式的创新发展之路。总之，乡村振兴战略的提出，既是长期以来党和政府不忘其本，解决"三农"问题的继承和延续，又是新时代背景下，党和国家立足当代，面向未来提出解决"三农"问题的新号召。

（二）发展理念的创新是乡村振兴战略的精髓

新的发展理念引领新的发展行动。"理者，物之固然，事之所以然也。"发展理念搞对了，目标任务就好确定了，政策举措也就跟着好确定了。乡村振兴战略的发展理念是乡村振兴的行动指南，从党的十九大报告到2018年"中央一号文件"《关于实施乡村振兴战略的意见》，再到2018年中央农村工作会议，概而言之，乡村振兴战略的实施有明确的发展理念创新和转变。

1. 融合发展，重塑城乡新关系

自党的十六届五中全会提出"城乡统筹发展"至十八大报告中提出"城乡发展一体化"战略，城乡发展一体化是基于特定发展阶段所提出的发展战略，主要表现在：强调外力的注入，如工业反哺、加大城乡统筹、缩小城乡差距等；强农惠农富农政策驱动；工业反哺农业、城市支持农村和多予少取放活方针；突出基础设施和社会事业发展，改善农村生活条件等物质层面建设；坚持以工促农、以城带乡、工农互惠。过去实行的城乡统筹、城乡一体化战略，基本取向是"以城带乡"，城与乡的关系主要表现为主与次的关系，主动与被动的关系。但由于城市具有强大的吸引力，农村大量的人、财、物等资源都单向流入城市，强城弱乡的现实格局未能解决。正如马克思恩格斯所说，"城乡之间的对立是随着野蛮向文明的过渡、部落制度向国家的过渡、

地域局限性向民族的过渡而开始的，它贯彻着文明的全部历史直至现在"。在全面建成小康社会的进程中，我国"三农"工作在党的正确领导下，经历了历史性的变革，并取得了历史性成就，但在肯定以往成绩的同时，更要清醒地看到，目前我国最大的结构性问题城乡二元结构仍然较为明显，城乡之间发展不平衡的矛盾并未从根本上得到解决，农业、农村发展滞后仍是我国发展不平衡不充分最突出的表现。

要解决我国城乡关系失衡的突出矛盾，当前最紧迫的任务就是要进一步对城乡发展战略进行调整，即由过去的"城乡统筹"发展转变为"城乡融合"发展。从历史维度和认识深度来看，由"统筹"到"一体化"再到"融合"是发展的进步，也是对城乡关系认识的升华，"城乡融合发展"理念为乡村振兴起着引领性的重要作用。"消灭城乡对立不是空想，人们只有在消除城乡对立后才能从他们以往历史所铸造的枷锁中完全解放出来"，城乡关系并非微调，而是重塑，坚持城乡融合发展理念，重塑城乡新关系主要表现在以下几个方面。第一，认同乡村发展规律有别于城市，遵循城市和乡村各自发展规律，坚持城市和乡村两个发展维度，相向而行，空间融合。第二，在新的历史条件下，乡村振兴必然是开放性的，不能局限于乡村内部的重建和提升，必须有城乡两端双重资源的集成整合，使城乡之间人、财、物等发展要素能够真正自由流动，平等交换。第三，乡村要实现高质量高标准的发展，就要改变城市对乡村的带动发展为融合共同发展，要求城乡资源配置合理化、城乡产业发展融合化。总之，随着社会主义制度的巩固，城市和乡村之间利益上的对立必定会消失。在推进城乡融合过程中，最基本和最关键的要求是城乡之间必须实现全面融合和共同繁荣，进而逐步实现城乡之间的相互依存和共生共存，城乡融合发展是四化同步的必然要求，也是新时期我国重塑新型城乡关系、与时俱进发展的创新理念。

2. 优先发展，补齐农业和农村短板

在要求城乡融合发展的同时，乡村振兴战略首次提出"要坚持农业农村优先发展"。不是同步发展，而是强调"优先"，优先的体现在于重点支持，着力缩小城乡差距，需要在城乡间优先考虑干部的配备问题，优先满足资源要素的分配问题，优先保障资金投入的支持问题，优先安排公共服务的建设问题。"三农"工作是直接影响我国决胜全面建成小康社会和全面建设社会主义现代化国家的重要因素，全面建成小康社会，全面实现全国现代化，农业农村农民尤其不能掉队。乡村振兴旨在切实改变农业农村的落后面貌，拉长"四化同步"发展中农业现代化这条短腿，补齐农村实现全面建成小康社会的这块短板，乡村振兴战略首次提出坚持农业农村优先发展的要求，可以看出党和国家对补齐农业和农村短板的决心和目标。

长期以来，大多数地方在发展过程中受传统城乡二元体制的束缚和影响，都把主要资源和精力投放到城市建设和工业发展上，这种重城轻乡、重工轻农的思想直接造成人们对农业农村发展的不重视、不积极、不热心，政策和措施保障也不健全。优先发展农业农村是中国特色社会主义的本质要求，"勤为政者，贵在养民；善治国者，必先富民"，农村农民有参与国家共建的责任和义务，也有共享全国发展成果的权利。乡村振兴必须以共同富裕、全面小康为目标，坚持农民共享发展，实现共同富裕。既然城乡居民享有平等的权利，那么就应着力解决城乡之间发展不平衡不充分的问题，在新时期，牢固树立农业农村优先发展的理念，从根本上改变重城轻乡、重工轻农的观念，使公共资源向农村逐步倾斜，以实现城乡居民占有资源的相对均衡，缓解资源配置严重不均衡的矛盾，政府在政策措施支持上应由城市偏向农村，真正保证农村农民在共建共享发展和乡村振兴中有更多的获得感、幸福感和安全感。农业农村与工业城市是权利平等的主体，相互融合、互依互存的城市和乡村早已形成了一个共生共荣的生命共同体，乡村的支持和参与成就了城市的发展和繁荣，乡村的振兴和发展也离不开城市的反哺和帮扶。坚持优先发展的创新理念，是重塑新型城乡关系的关键，也是推进城乡融合发展，最终实现城乡共同繁荣发展的重要理念指引。

二、制度创新是实施乡村振兴战略的重要保障

乡村振兴战略的实施离不开制度的健全和完善，行之有效的机制支撑和健全的制度保障是乡村振兴战略实施的重要保证。"没有规矩，不成方圆"，制度建设是规范权力运行，保证执行效力的有力约束和重要保障，制度创新能激发乡村振兴潜力，迸发乡村振兴活力。从党的十九大报告到中央农村工作会议，对乡村振兴战略的实施从体制机制建立、政策体系完善、制度性供给等维度都有着新的高度、新的要求和新的探索。

（一）乡村振兴战略制度创新的新高度

梳理近 20 年来中央关于"三农"政策的变革，表现在"三农"内在发展的过程，实质上也是"三农"融合的逐步过渡，政策在进步，认识也在逐步深入，进而更深层次地延伸至制度层面的系统性探讨。从影响层面来看，政策多是局部性、浅表性的，多是针对某一具体事项而提出的，而制度则是全局性、根本性的；从时段性来看，政策多是阶段性的，而制度则具有长期性。乡村振兴需要行之有效的制度规划让物尽其用、人尽其才，激发农业农村发展的能力和潜力，并使其最大限度地发挥出来。以往关于乡村的论述主要表现为：一是政策倾斜，诸如惠农强农政策、粮食补贴政策等；二是工业反哺和城市支持，诸如对口帮扶、乡村扶贫等；三是设施配套，诸如基础设施建设、社会事业统筹、村容村貌整治等。党的十九大报告中关于乡村振兴战略与以往报告最大的不同在于政策性论述较少，更多的是制度性表述，尤其是涉及基本经营制度、土地制度、"三权"分置制度、治理体系等根本性问题，无论是广度还是深度，都充分表明中央对乡村改革的空前力度和乡村振兴的坚定决心。总体来说，关于乡村振兴战略的论述，无论是从党的十九大报告所凸显的高度，还是系统性思维所展现的广度，抑或是涉及乡村基本经营制度、产权制度、治理体系等制度性探索所体现的深度，都意味着乡村振兴战

略是站在新时代的高度来重新审视"三农"问题的；把握乡村发展规律、植入内生动力、激发市场活力，解决思路也在逐步多元化，且由外力向内力转化，由单点突破到全面振兴的根本性变革，是一次巨大的飞跃，也是解决"三农"问题的高起点和新高度。

（二）乡村振兴战略制度创新的新要求

乡村振兴战略与新农村建设对照来看，首先，从提出背景分析，党的十六大时期提出新农村建设的二十字"总方针"，其实质是基于城乡矛盾不断激化背景下提出的一种阶段性策略，根本的落脚点是使乡村更好地为城市服务；而党的十九大报告中所提出的新的二十字"总要求"则是在新时代下主动提出的新战略，根本的遵循是城乡共荣。其次，从具体内容分析，党的十六届五中全会提出建设社会主义新农村"生产发展、生活宽裕、乡风文明、村容整洁、管理民主"的二十字总方针，实际上是满足乡村发展的基本需求，是为对应全面建成小康社会的基本目标而设定的；党的十九大所提出的"产业兴旺、生态宜居、乡风文明、治理有效、生活富裕"的二十字总要求，从发展到兴旺，从管理到治理，从宽裕到富裕，从整洁到宜居，无不体现了乡村振兴战略在层次和要求上的升级，从发展水平、发展理念、发展路径、发展模式和发展主体上都与原二十字"总方针"有很大不同。再次，从发展规划层面来看，乡村振兴战略发展规划的制定是从国家层面出发做出的战略性规划，该规划明确了到 2020 年全面建成小康社会的目标任务，特点在于要求各部门各地区在国家宏观规划布局下，细化工作重点和政策措施，避免一刀切，因地制宜地编制适合地方发展规律和特点的规划和专项方案，这既有国家层面的宏观指导和统筹规划，也有地方细化实化推进落实的举措。最后，从法律法规方面来看，乡村振兴战略相关文件中提出抓紧研究制定乡村振兴法，把乡村振兴政策法制化。多年来，特别是新农村建设以来，我国形成了一些行之有效的政策措施，需要制度化、法制化，同时从各地区各地方的乡村发展实际出发，须制定地方政府规章、地方性法规，为乡村振兴提供法律保障。乡村振兴，法制法规先行，这意味着对"三农"问题的工作要求是进一步法制化和制度化。从以上四个方面不难看出，乡村振兴战略是新时代为实现中国特色社会主义现代化所提出的新目标，也是对"三农"工作提出的更高要求。

（三）乡村振兴战略制度创新的新探索

制度建设贯穿于乡村振兴战略的始终，2018 年"中央一号文件"中首次提出要推进体制机制创新，强化乡村振兴制度性供给。乡村振兴的制度性供给主要在于激活市场需要，激活经营主体，激活要素资源，以产业制度的完善为重点，推动要素市场化的配置，全方位高质量高标准地服务于乡村振兴。其中，若干制度的创新和探索值得关注。第一，在深化农村土地制度改革中，要探索宅基地所有权、资格权、使用权，"三权分置"制度。土地制度是国家的基础性制度，土地问题是解决农村社会所有问题的根本，乡村土地制度要完善设施农用地政策、农民闲置宅基地和闲置农房政策，要保障好农民对土地、宅基地的资格权和房屋等的财产权，充分保证农民群众参与农村经济活动的权利。第二，在深入推进农村集体产权制度改革中，要积极探索农村集体经济新的实现形式和运行机制。文件中明确要让农村资金变股金、资源变资产、农民变股东，推进农村集体经营性资产股份合作制的改革。第三，在完善农业支持保护制度中，要对我国三大最为重要的粮食作物稻谷、小麦、玉米，探索开展完全成本保险并进行收入保险试点，加快建立多层次农业保险体系。农业支持保护制度中的核心是要完善对农民直接补贴制度，健全粮食主产区利益的补偿机制，落实好惠农富农政策，实现保护制度的效率和效果。当前，"三权分置"土地改革是乡村土地制度的重点，"农村集体经营性资产改革"是产权制度设计的重点。改革实践证明，沉睡的农村土地、闲置的农村农房、集体经济的农村经营性资产，经过改革带动，就能变资源为资本，为乡村建设注入源源不断的资金血液。乡村振兴战略对制度改革的新探索，就是要着力为制度改革的系统性、整体性、协同性和长远性打下坚实的基础。

三、发展动力创新是乡村振兴战略的主要力量

实施乡村振兴战略是落实广大农民对美好生活向往的实践，乡村振兴战略需要迫切关注如何激发乡村发展的内生动力，唤醒广大农民的角色意识、建设意识和主体意识，充分发挥他们的积极性和创造性，让农民在乡村振兴工作中找到责任感，以及属于自己的那份归属感和认同感，将聚人气、汇人才、凝人心作为乡村振兴的着力点，让愿意留在乡村、建设乡村的农民安下心来，脚踏实地地成为乡村振兴的主心骨和主力军。

（一）组织维度创新：打造党建引领乡村振兴的动力引擎

乡村振兴战略是党和国家的重大决策部署，实现新时代乡村振兴，关键在党建引领，乡村组织是乡村发展的坚实后盾，组织振兴是乡村振兴的动力引擎，也是党管农村工作落到实处的具体实践。党的力量来自组织，组织能使力量倍增。实施乡村振兴战略，既离不开组织振兴，更离不开农村基层党组织这个战斗堡垒。千千万万个坚强的农村基层党组织是推动乡村组织振兴的永动力，千千万万名优秀的农村基层党组织书记是推动乡村组织振兴的动力引擎，党管农村工作是我们党的一个优良传统，确保党对新时代乡村振兴的坚强领导，最根本的就是要坚持党管农村的原则。坚持和加强党对农村工作的领导，在乡村振兴战略中确保党始终是总揽全局、协调各方的重要带头人。

"中央一号文件"强调乡村振兴工作需要建立健全农村工作领导体制，坚持党委统一领导，由政府负责协调、党委农村相关工作部门统筹推进落实。首先，乡村振兴战略领导责任制的建立作为首要任务，完善党的农村工作领导体制机制，形成中央统筹、省负总责任、市县抓落实的工作机制，坚持省、市（州）、县、乡（镇）、村五级书记抓乡村振兴。其次，打造新时代懂农业、

爱农村、爱农民的"三农"工作干部队伍，全面提升"三农"干部队伍的能力和水平。最后，打造强有力的农村基层党组织。以党建促振兴，乡村振兴战略中最基础的核心领导当数基层党组织，着力引导农村党员在乡村振兴战略中发挥先锋模范作用。新时代的乡村振兴要着力提升基层党组织建设，加大组织覆盖力，让党的工作有效嵌入和覆盖农村各类社会基础组织及各类群体。发挥广大农村基层领导干部和党员的模范带头作用，用他们的智慧思想和行动力量将广大农民凝聚起来，将基层党组织的组织功能落到实处，用组织优势引领发展，把组织力量充分发挥出来，齐心协力投身乡村振兴工作。乡村振兴发展动力的创新在于组织维度的创新，将乡村振兴美丽蓝图变成现实图景，确保乡村振兴战略在农村落地生根，并最终实现新时代农村改革大发展，离不开打造基层党建引领乡村振兴的动力引擎。

（二）人才振兴：培育乡村振兴内生发展新动力

人才振兴是乡村振兴的动力支撑，破解人才瓶颈是推动乡村振兴的重要内容。培育乡村内生发展动力是乡村振兴战略中有别于之前"三农"工作的重点任务，需要改变以往"输血"式发展的思路，增强"造血"功能，变客体为发展的主体。广大农民是乡村振兴的主体力量，是乡村振兴的主要参与者和直接受益者，"农民主体"是调动其主观能动性，从旁观者、跟随者转变为积极主动参与者和建设者的关键因素，要鼓励农民通过自己的辛勤劳动建设美好家园，创造幸福生活。乡村是亿万农民群众的故土家园，"农民主体"能最大限度地调动广大农民参与经济活动的积极性和主动性，因此，确立农民在乡村振兴中的主体地位是培育乡村振兴内生发展动力的有力支撑。

乡村振兴的核心内容之一是完善乡村治理体系，而村民自治是村民直接参与乡村治理的有效载体，赋予农民主体权利和主体责任，有利于激发乡村振兴的内生动力，强化村民的自治功能和自主意识。首先，在乡村治理过程中，要调动和引导农民的参与意识和话语表达意识，为广大农民提供多元化的渠道进行利益诉求表达和交流，激发其在乡村振兴中的主人翁意识，引导他们积极参与并为乡村振兴工作建言献策。其次，由于有乡亲们的乡情情感连接，在乡村治理体系建设中更要注重发挥乡贤文化在乡村治理中的引领作用，使他们以自身的学识、技艺、经验、专长及修养反哺桑梓。再次，要构建现代组织管理平台，构建"统一产权、财权、事权和治权"的村社一体化共同体。共同体集"经济发展、村庄建设和村庄治理"三种职能于一体，通过民主自治管理平台，最大限度地发挥村民的积极性。最后，还需构建现代村民的提升平台，设立村民培训平台，定期对村民进行技术培训，与农业高校合作，通过现代农业试验田建设，提升村民对现代农业科技的认知度。乡贤文化、乡情乡愁纽带将农民群众带到参与乡村治理、建设和发展的整个过程，能激发他们在乡村振兴中的使命感和责任感，并从中获得满足感、幸福感和归属感。

四、发展路径创新是实现乡村振兴战略的有力举措

乡村振兴战略是解决"三农"问题的总抓手，既管全面，又管长远。2018年第15个"中央一号文件"是解决"三农"问题的总纲领，是一个全局性、系统性、宏观性的文件。与过去只关注某一方面的"三农"政策不同，乡村振兴战略遵循乡村发展规律，准确把握乡村发展的科学内涵，是对"三农"工作的全面部署和统筹规划。乡村振兴是乡村的全面振兴，要实现乡村的产业振兴、人才振兴、文化振兴、生态振兴、组织振兴，五个方面的振兴是农村工作抓重点、补短板、强弱项的关键，也是农业全面升级、农民全面发展、农村全面进步的创新之举。

"中央一号文件"明确提出，乡村全面振兴是乡村振兴战略的主要任务，而乡村全面振兴的有力举措主要有以下五点。

第一，产业振兴：培育乡村发展新动能。产业兴旺是乡村振兴的工作重点，乡村振兴战略中新的产业体系创新表现为：农业内部结构方面，顺应由传统农业向有机农业、品牌农业转化的趋势；产业结构方面，顺应第一、二、

三产业融合发展趋势；产业技术构成方面，顺应生物技术、互联网技术等新技术集成趋势。

第二，生态振兴：打造人与自然和谐共生的发展新格局。乡村环境优美不仅造福于农民，跟城市居民和全国生态环境改善都有着密切关系。生态振兴以农村人居环境整治为纽带，通过村容村貌的整治，推进乡村绿色发展，提升乡村居住品质，尤其注重乡村建筑风貌、独具乡野气息和地域建筑风格的保护和挖掘；同时，乡村的生态振兴又不同于城市建设，旨在保护乡村美景风貌，实现人与自然和谐共生，农村生产、生活、生态协调发展的乡村田园风光。

第三，文化振兴：焕发乡村文明新气象。"观乎人文，以化成天下"。乡村文化建设要实现良好家风、文明乡风、淳朴民风在乡村振兴中有潜移默化的作用。注重乡土味道，强化地域文化元素符号，构建既传承历史和优秀农耕文化，又独具特色的乡土文化，引导农民群众崇德向善、见贤思齐，使亿万农民群众由内心生发出热爱家乡、心系乡土的热忱，并不断转化为振兴乡村的强大正能量，打造农村农民精神家园。

第四，善治之路：构建乡村治理新体系。乡村振兴战略治理体系的现代化是实现乡村振兴的重要举措，采用新的乡村治理模式，需要由传统的乡村"管理"向乡村"治理"转变，特别强调"自治、法治、德治"相结合的乡村治理体系的建设。实现自治、法治、德治相结合的治理新体系建设是乡村从民主管理到有效治理转变的新举措，"三治结合"的乡村治理新体系，既遵循了乡村发展规律，又符合国家基本政策和制度要求，是乡村社会和谐有序、健康持续发展的有力保障。

第五，社会建设：塑造美丽乡村新风貌。乡村振兴，生活富裕是根本。优先完善道路、水电气网等基础设施建设；民生问题关乎大计，要优先发展农村教育事业，配套教育医疗文化等服务设施，实现乡村设施现代化和城乡设施互联互通。乡村的全面振兴需要整体部署、协调推进，要注重协同性和关联性，要对"三农"工作全面规划推进。总之，实现路径创新和因地制宜的模式创新是乡村振兴战略的有力举措，也是助推乡村振兴可持续发展的创新道路。

梦想无疆，凿路而行。我国正在进行的乡村振兴战略，在某种程度上制约着我国国家战略全局。中国乡村未来必将发生根本性变革，乡村发展必将迎来百年一遇的战略机遇期，乡村振兴战略必将成为实现我国决胜两个"一百年"奋斗目标的重要引擎。"乡村振兴是一盘大棋"，是对"三农"工作系统性、全局性、创新性的部署，体现了中央创新改革的决心，是一条具有中国特色的乡村发展创新之路。根据规划部署和要求，今后农村必须"要走城乡融合发展之路、共同富裕之路、质量兴农之路、乡村绿色发展之路、乡村文化兴盛之路、乡村善治之路、中国特色减贫之路"。这七条道路的提出，是实现乡村振兴战略的行动指南和基本遵循，是乡村振兴战略在发展理念、制度建设、发展动力、实现路径上的创新和完善，这些创新将耦合成乡村振兴发展的不竭动力，终将助力乡村全面振兴发展，实现中国乡村振兴的宏伟蓝图。

第二章　乡村振兴战略的创新

第一节　乡村振兴战略的六维结构特征

党的十九大报告提出实施乡村振兴战略具有十分重要的意义，乡村振兴是一个有机的体系，其结构的层次性和复杂性需要从要素结构、层级结构、价值结构、城乡结构、治理结构和发展结构六个维度出发来解释说明，并且体现为"六化"，即政府主导与社会参与协同化、顶层设计与基层实践有机化、公共规则与契约精神同构化、城市发展与乡村建设一体化、法治完善与自治成长联动化和创新发展与继承发展的辩证化，它们是乡村振兴战略的六个显著结构特征。对系统结构的分析有利于深化对实施乡村振兴战略的结构性认识和理解，更好地在实践中发挥指导作用。

党的十九大报告中提出实施乡村振兴战略，为新时代乡村建设绘制新的宏伟蓝图，这是党中央在统筹国际国内环境和全面把握经济社会发展规律基础上，对乡村价值的再认识和对乡土社会的再发现，书写了农业强、农村美、农民富的新篇章。乡村振兴战略是建设中国特色社会主义的必然要求，也是加快城乡融合发展实现农村现代化的必然诉求。乡村振兴战略作为新时代"三农"工作的总抓手，按照"产业兴旺、生态宜居、乡风文明、治理有效、生活富裕"的总方针和总要求，为实现"两个一百年"的奋斗目标奠定良好的基础。乡村振兴战略是一个多维度、多层次的有机体系，是人类社会和现代政治发展的内在要求，它既是一个实践过程也是一种价值追求，具体表现为在时间和空间维度上的复杂性、有序性和动态性的增进过程。实施乡村振兴战略可以从要素结构、层级结构、价值结构和城乡结构中理解，这是实现乡村振兴战略的显著特征，对乡村振兴战略的结构特征进行认知和分析有利于细化对命题的结构性理解。诸要素结构特征决定了乡村振兴战略既是一个从微观到宏观递进的层次性结构，也是一个具有并列关系的同位性结构，在一系列的有效调节下，维系发展过程和存在状态的有机统一。

一、要素结构：政府主导与社会参与协同化

从要素结构看，政府与社会是两个不同的行为主体，有明确的目标和权力界限。围绕公共权力建构和运行管理过程的建构是政府与社会关系协同化的基础。以前，政府存在的历史逻辑是强化资源汲取和社会控制和动员能力，思想就是让社会依附于强权之下，总体上是一种规划的社会变迁，狭隘地排斥异己的社会力量，使社会处于原始化的状态。政府与社会的关系是一种统治和被统治的关系，一方面政府以权力集中和结构集中来应对社会的分权和多元；另一方面政府以集权下的分权来应对社会的多元。实施乡村振兴战略就是要打破过去国家权力支配社会的观念，重新建构政府与社会的关系，政府作为最有影响力的公共组织，存在的功能就是在法律允许的范围内提供公共产品和公共服务，寻求有效的公共事务治理之道和多元的支持力量。社会作为一个自主的行为主体有其自身价值诉求，与政府是一种平等、协商与合作的关系。乡村振兴需要"善治"，一方面要提升政府回应能力和倾听能力，培养合作与协商精神，建立理性公民成长的政治文化基础；另一方面是推进社会民主化，尊重社会个体的价值取向，把个人的权利确定在政府对个人自由和平等的保障度上。也就是说，政府通过合法的方式和途径把社会中闲散的资源整合起来，对基于利益共享和价值共享的社会道德共同体建设具有重要推动作用。在政府和社会的二维结构中，两者不存在"修昔底德"式的二元对立，而是相互促进，引导村民积极参与公共事务形成"成员身份自治"

共同体，促进乡村社会发展。在政府与社会协同化的过程中，政府主导乡村社会经济、政治、文化、生态建设以适应快速发展的变化，保障个体权利诉求成为社会共同的价值取向，通过有效的参与机制使政府合法性嵌入到社会利益结构中去。社会积极参与政府公共政策的过程，通过社群共同体"自己统治自己"分享政府权力，遏制政府权力的"恶"以防止政府失灵。在乡村振兴战略实施过程中要明确政府与社会的性质——政府是有限的政府，社会是自组织的社会。只有这样，才能明确马克思关于"重点论"和"两点论"的关系，政府与社会才能协同好关系，达到乡村振兴"各美其美，美美与共"的协同理念。

二、层级结构：顶层设计与基层实践有机化

从纵向维度来看，实现乡村振兴层级结构划分为三个层次：顶层、中层和基层，这三个层次是层级结构的基本框架。中层主要是上传下达与承上启下，更多的是作为第三者来促进顶层与基层有机联系的。顶层设计指的是从总揽全局的高度，利用手中的资源和信息，兼顾各方面和各层次的利益诉求和利益偏好，最大化的实现公意，广泛寻求公共事务的善治之道，制度存在有其自身的惯性逻辑和支持性的意识形态和社会力量。顶层设计不是关起门来拍脑袋做决策，而是依据现实的乡村状况，坚持从实际出发，是合目的性、合逻辑性与合规律性的系统规划结果，为乡村振兴勾勒出清晰的"路线图"，基层实践是指在国家大政方针的指导下，结合自身实际的特点，发挥积极性和创造性以适应基层社会发展。基层实践直面乡村振兴的困难，坚持问题导向重点推进，本着求真务实、实事求是的态度和遇水搭桥、逢山开路的勇气解决乡村发展遇到的问题。党的十八届三中全会提出"顶层设计同摸着石头过河结合起来"的论点，强调二者之间辩证统一，不可偏废。正如习近平总书记所指出的，"推进局部的阶段性改革开放要在加强顶层设计的前提下进行，加强顶层设计要在推进局部的阶段性改革开放的基础上来谋划。"就是说

在实现乡村振兴战略的过程中，要把顶层设计与基层实践有机结合起来，处理好局部和全局、当前和长远、个人和集体、胆子大和步子稳的关系，改变过去那种自上而下的"单轨政治"，倡导顶层与基层双向联动的"双轨政治"。层级结构建构一方面要加强宏观思考，注重系统性、协同性和整体性，强调顶层设计要整体谋篇布局；另一方面要打破"渐进路径的崇拜"，结合基层实际情况可以大胆创新，破除思想的禁锢，注重基层实践要学会创新。实施乡村振兴战略，加强顶层设计与基层实践有机联系可以更好形成科学规范、运行有效、系统完备的现代制度体系，是为了推动乡村社会的发展，根本的落脚点还是为了让广大的人民群众共享改革发展成果。"人民"既是利益个体也是意志群体，既需要顶层设计来维护也需要基层实践来实现，"民为邦本，本固邦宁"，这个"本"就是顶层设计与基层实践有机联动治理的基石。

三、价值结构：公共规则与契约精神同构化

从价值结构看，现阶段维系乡村公共性是基于村民自由合意产生的公共规则与契约精神，这是对社会价值观的重构，与社会性质和国家架构相适应。乡村振兴厚植中华文明根基，发展现代文明，具有乡土民间性和地域多元性的特点，赋予了中华文化长盛不衰的历史厚重感。中国进入新时代，乡村熟人社会进入到半熟人社会甚至是陌生人社会，原来维系公共权力的血缘亲缘和地缘逐渐失去了吸附力；乡村治理从传统的礼治走向现代的法治，原来基于道德和伦理形成的"权力的文化网络"变成了基于规则和契约的"利益的工具网络"。人们之间的诉求是通过反映意志的规则和契约来维持的，民主政治和商品经济的发展既是价值结构产生的根本动力也是价值结构符号化的反映。传统社会是身份与等级社会，现代社会是规则与契约社会，实施乡村振兴战略就是要实现"从身份到契约"的转变，这意味着人际关系及其生活模式和状态的调整。对乡土价值的充分认知，还有利于乡土社会的延续性和有序性，中国古代社会的宗法血缘关系与小农经济密切相关，在身份基础上形

成的伦常规则强化了狭隘保守的形态，禁锢了社会发展。农业文明秩序与乡绅自治秩序有赖于宗法制度，其本质是"家国同构"的"总体性社会"，缺少公共规则和契约精神的约束和限制。进入新时代后，乡村公共性建构是村民基于平等自愿的原则建立"道德共同体"，在公共规则和契约精神的同构下培养社会资本，实现"重叠共识"的理性基础。以社会本位和权利本位为基础的制度建构既是实现乡村振兴战略的发展方向，也是实现"乡镇自治精神"的核心。在实施乡村振兴战略的过程中，一方面要遵循法治原则，保护和尊重乡村共同体成员的权利，按照公共性确立人人适用的普遍规则；另一方面要遵循契约精神，实现村民利益组织化，阻止国家权威直接干涉个体生活。公共规则与契约精神同构化有利于乡村经济的发展和民主政治的建设，也就意味着乡村成为一个有机的共同体，村民具有认同感和归属感，增强对乡村公共事务的关注，培养参与意识，增强村庄的凝聚力。规则意识和契约精神的培养是乡村振兴的应有之义，通过规则意识的培养更能体现出乡村文明的发展，努力建构起培植村民合作互助精神的经济基础。

四、城乡结构：城市发展与乡村建设一体化

在城乡结构中包含着城市和乡村两个单元主体，城市是现代文明繁荣的符号，拥有丰富的资源、完善的基础设施和优良的教育卫生环境；乡村是传统中国的基础，皇权社会在其权力中心厚度很大，随着地理半径的延展而逐渐稀薄，直至消失在分散的相对封闭的边缘中，主权被碎片化的地主、豪强和士绅所分割。作为皇权治理所需的赋税、价值取向和人口主要在乡村，城乡二元结构导致城市和乡村形成"鸡犬之声相闻，老死不相往来"的"断裂"状态。中国实施乡村振兴战略，一方面要统筹城乡发展，注重资源和机会投向农村，推动城乡一体建设格局，增强农村可持续发展能力，提升农村公共服务水平，最终形成农业增效、农民增收和农村繁荣的局面；另一方面要充分发挥政府"看得见的手"和市场"看不见的手"相结合的调控作用，激发

城乡的创新动力和内在活力，打通横亘在城乡二元结构的"任督二脉"，在一体化发展的过程中增进城乡治理的一元性，推动城乡一体化发展。有效促进城乡人才、资金等要素自由流动、均衡配置和平等交换，构建可持续的新型城乡一体化长效机制，使乡村居民与城市居民共享发展成果，从而形成城乡一体、共同繁荣和良性互动的新格局。习近平总书记曾表示，"推进城乡一体化发展，我们既要有工业化、信息化、城镇化，也要有农业现代化和新农村建设，两个方面要同步进行。要破除城乡二元结构，推进城乡发展一体化，把广大农村建设成农民幸福生活的美好家园。"也就是说实施乡村振兴战略，城市和乡村要统一整体谋划，尊重城乡发展不协调不平衡的现实，从自然条件、历史禀赋和人文素养出发，逐步推进乡村振兴和城镇化发展，进一步促进乡服务均等化、要素配置合理化和居民权益平等化。城乡一体化建设要以人为本，让广大乡村居民切实感受到乡村振兴战略带来的获得感，享受更好的物质生活和精神生活。推动城乡一体化建设发展，既是实现乡村振兴战略的内在要求，也是破除城乡二元结构的有效途径，通过建立城乡融合的机制，进一步形成"以工促农、以城带乡、工农互惠、城乡一体"的新型格局。实施乡村振兴战略目标就是促进农村经济、社会、文化和生态全面进步，使乡村居民与城市居民一道实现小康社会，最终实现农业农村现代化和城乡共同繁荣，提升广大乡村居民获得幸福感。"民亦劳止，汔可小康"，城乡一体化建设必将推动城市农村共同发展，城乡差距进一步缩小，2020 年全面建成小康社会一定会实现。

五、治理结构：完善法治与社会自治联动化

在乡村治理结构中，法治和自治是最主要的两种方式和手段。在传统乡村治理中体现为差序格局和宗法秩序为特征的家长权威和乡绅自治模式，乡村兴衰治乱是国家稳定与发展的基础，也是国家治理现代化的重要体现。乡村法治与乡村自治是辩证统一的，法治是实现自治的前提条件，培养理性公

民自治；自治是法治的可靠保障，规范个体与国家关系。自治是核心，法治是保障，法治与自治联动化是乡村振兴战略的应有之义。在实现乡村振兴战略的过程中，必须完善乡村法治和自治制度，以促进乡村治理结构的提升。乡村法治就是体现乡村居民意志和农村社会发展规律来治理乡村，尊重国家法律与民间规范的互动，不受个人意志阻碍与干预，核心是依法规办理乡村事务，重点对基层公共权力制约，保障农民权利和维护农村稳定。法治是治理结构规范体系的强制性表现，以国家权力为后盾，规范和约束个体的政治、经济和社会权利，保证社会秩序在制度化的结构网络中。明确政府的有限职能，建立有限权力结构，调整利益关系，尊重乡村法治建设的规律，因地制宜，尊重发展的差异性和多样性，循序渐进推动乡村法治建设。乡村自治是基于和集体土地产权发生关系的开放性的治理结构体系，是民主参与、个体权利所结成的自我统治、自我治理的组织形式。通过社会自治，村民可以自我管理、自我监督、自我服务、自我教育，实现乡村治理的现代化和治理体系能力的建设，实现从统治模式向自治模式的转变，重构国家、社会和组织个体的权利边界。在治理结构建构中，要突出法治与自治的边界和范围，法治的目的是维护国家在乡村的权威，统一于国家的现代化建设中，任何组织、团体和个人都不能凌驾于法律之上；乡村自治的意义在于用社会的权力来约束国家权力，维护村民合法权益，维系国家与社会的关系。法治与自治联动化有利于乡村治理制度化的发展和建设，改变传统权威集中和组织结构集中的治理模式，适合新时代中国农村治理的特征，确保法治原则之公共事务的制度化关系，建构社会自治的基础性结构条件。"欲筑室者，先治其基"，唯有完善国家法制建设和社会自治建设，才能实现国家治理体系和治理能力的现代化。

六、发展结构：创新发展与继承发展的辩证化

实施乡村振兴战略既是为了实现全面的、可持续的发展，也是为了实现

平衡的、协调的发展。发展结构中要注重创新与继承的辩证统一关系，创新发展和继承发展是乡村振兴发展结构的重要组成部分，两者缺一不可。乡村是一个包含传统与现实的连续实体，处于连续嬗变和不断发展的进程中。创新与继承是辩证统一的，两者相互作用、相互依存、相互影响，具体表现为创新—继承—再创新—再继承的循环往复中，构成了由肯定到否定再到否定之否定的辩证发展和永恒运动的过程。创新是动力，是继承的发展；继承是方向，是创新的基础。扬弃继承，转化创新是发展结构中的一体两面，既对立又统一。乡村要实现发展，必须要进行创新，创新是"旧质"向"新质"的飞跃，"周虽旧邦，其命维新"，一代接一代上下求索，革故鼎新，乡土文明生生不息。沿着乡村发展的脉络溯源，小岗村鲜红的手印承载着几千年土壤的生机，让农业的生产力增强，农村的活力增加，农民的收入提高。乡村要实现振兴，必须要学会继承，继承是对合理部分的接续，是否定中的肯定。今天的乡村振兴是在原有乡村基础上，从经济、政治、社会、文化和生态上进一步完善制度和健全机制，让改革发展的成果惠及更多的人。实施乡村振兴战略，是为了满足人们对美好生活的向往，在乡村发展过程中，"必须以改革创新的思路，清除阻碍农业农村优先发展和城乡融合发展的体制机制障碍，激发农村各类资源要素的潜能和各类主体的活力，不断为农业农村发展注入新动能"。但是也要清醒地看到，不要盲目地否定原有的机制，要关照城乡融合发展的社会资本，保护好原有的文化基因，实现乡土社会的现代转型。乡村振兴正面临一个机遇和挑战并存的时代，发展应抓住机遇，顺应历史规律使乡土社会迎来生机勃勃的发展期。"为者常成，行者常至"，乡村振兴发展既需要创新也需要继承，把科学真理同社会实践结合起来，把优秀的合理的事物保存下来，走适合农村正确之路，富民之路。

乡村振兴是一项长期的历史任务，既要满怀信心走共同富裕之路、城乡融合发展之路，也要埋头苦干走中国减贫之路、乡村善治之路，还要脚踏实地走生态发展之路、党建兴村之路。中国是农业大国有其农耕文明的历史感，乡村正是农耕文明传承的载体，它不是城市的附属物，而是具有自身价值的生存空间。实现乡村振兴，就要坚持农业优先发展，坚持农村融合发展，坚持农民主体地位，巩固乡村基层执政基础，让改革的红利惠及更多更广泛的乡村居民群体，推动乡村的可持续发展，早日实现中华民族伟大复兴的中国梦。

第二节　小城镇发展与乡村振兴战略

党的十九大明确指出我国社会主要矛盾已经发生明显转化，城市化发展进程与城市发展进程存在的矛盾日益激化，亟待解决。为此，我国提出实施乡村振兴战略内容，旨在解决我国当前社会的主要矛盾，促进我国经济水平的全面发展。本节主要以灯塔市为研究对象，针对当前灯塔市实施乡村振兴战略的实际情况进行合理分析，并根据灯塔市近些年财政经济运行情况，进一步提出加强乡村振兴战略的优化措施，以供参考。

灯塔市是辽阳市七个县市区之一，位于辽宁省中部，北与省会沈阳接壤，是沈阳辖区以外距离沈阳最近的城市，区域面积 1 166 平方千米，辖 11 个乡镇、3 个街道、193 个行政村，人口 46 万人，初步形成了以铝型材为主导、皮装裘皮为特色、日化原料和矿产建材为补充的产业格局。灯塔市在多年的发展与实践中，始终坚持以党的政策方针作为总体发展方向，将解决好"三农"问题作为本县市区发展重心，旨在进一步促进乡村振兴战略的全面实施。结合实践效果来看，灯塔市在实施乡村振兴战略过程中，取得的效果较为显著，基本达到农村优化发展要求。然而，由于受到灯塔市经济结构不合理、产业层次不高以及财源基础匮乏等影响，使得小城镇发展比较受限，亟待解决。

一、关于乡村振兴战略的综合概述

实施乡村振兴战略可以最大限度地准确判断与把握我国当前社会的主要

矛盾，属于我国制定正确方针政策的理论依据，同时也属于化解我国当前矛盾，促进经济社会和谐发展的关键前提。目前，我国社会主要矛盾发生明显转化。在这样的发展背景下，我国城乡发展呈现出的差距愈加明显，甚至逐渐演变成为制约我国经济增长的主要因素。针对于此，党的十九大报告明确提出实施乡村振兴战略的重要意义与必要性。

乡村振兴战略始终坚持将解决好"三农"问题作为全党工作的核心内容，确立总体发展方向，如坚持农业、农村优先发展。以此为基础，根据总体要求，健全城乡融合发展体系与政策机制，旨在进一步加强与推进农业现代化发展进程。为进一步促进我国乡村振兴战略内容的全面落实，国家政府要求各城镇必须立足于本地实际发展情况，清晰定位乡村振兴发展途径，确保最终实施效果。

二、灯塔市实施乡村振兴战略的基本概况

2018 年 1—6 月，完成地区生产总值 54.6 亿元，同比增长 0.2%；完成固定资产投资 21.1 亿元，同比下降 20.7%；社会消费品零售总额 46.5 亿元，同比增长 6.1%；规模以上工业总产值 31.8 亿元，同比增长 87.8%。截至 7 月末，全市亿元以上项目开（复）工 20 项，开（复）工率为 76.92%，完成投资 23 亿元。其中：续建项目复工 13 项，复工率 100%，完成投资 18.48 亿元；新开工项目 7 项，开工率 53.84%，完成投资 4.52 亿元。

其中，一般公共预算收入 84 693 万元，完成序时进度的 101%。国税部门完成 26 209 万元，完成序时进度的 74%，同比减收 8 267 万元，下降 24%；地税部门完成 37 152 万元，完成序时进度的 105%，同比增收 1 756 万元，同比增长 5%；财政部门完成 21 332 万元，完成序时进度的 165%，同比增收 9 541 万元，同比增长 80.9%。与往年相比，灯塔市财政经济增长率得到明显提高，发展势头较为良好。

三、影响灯塔市乡村振兴战略进一步实施的因素

（一）积极因素

党的十九大政策的全面贯彻与中央经济工作会议部署实施的深化改革，为进一步推进东北老工业基地的振兴进程指明了前进方向。可以说，通过实施乡村振兴战略与支持资源型城市转型发展等一系列重大举措，基本上为全面推进本市经济发展进程提供了坚实保障。目前，本市坚持将"重、强、抓"等工作内容作为主要战略内容，目的在于促进重大项目建设效率，尽早达成预期效果。与此同时，县乡财政体制改革进程进一步强化了全市乡镇经济的发展水平，为本市财政收入稳健发展夯实基础。从某种程度上来说，本市政府唯有紧抓实干、合力推进，充分利用好上述积极因素，基本上就可以尽早达成预期实施目标，完成乡村振兴战略的实施任务。

（二）消极因素

灯塔市作为新兴小城市，在发展方式方面并未充分结合现代化发展要求，仍在沿用以往粗放式发展方式，使得整体经济结构存在明显不合理性。长此以往，导致本市产业层次亟待提高，同时财源基础也亟待提高。究其原因，主要是因为传统产业结构始终未得到全面调整，使得传统产业发展受阻。如煤铁等资源型产业一直都是本市的支柱型产业。自2012年以来，受到本市经济下滑及国家产业政策调整的相关影响，使得本市采矿业、水泥业等支柱型行业持续呈现低迷状态。

尤其在2020年，红阳三矿因生产事故大批量停产，给本市经济造成严重损失。除此之外，本市新兴产业发展速度缓慢，如忠旺集团仍处于初步建设阶段，拉动经济的效果有限。可以说，本市经济处于转速提升的爬坡阶段。由于财政经济支持力度有限，使得部分乡村振兴措施难以得到落实或者落实

程度不高。长此以往，很容易导致本市乡村振兴战略实施任务无法尽早达成。为此，必须及时采取切实可行的措施进行解决，确保本市乡村振兴战略的实施效果。

四、关于促进本市乡村振兴战略顺利实施的优化策略

（一）盯紧收入，优化支出结构，确保财政基础力量科学、合理

针对当前本市财政基础薄弱的情况，建议政府部门及相关人员应该致力于强化自身的收入目标意识，将支柱型企业的重点项目税收情况进行实时跟踪，紧紧抓住组织收入的主动权，确保经济增长目标得以全面实现。与此同时，应该及时树立起"紧日子"的思想意识，倡导节约政策。立足于整体的发展格局，做好有保有压、盘活存量工作，严格贯彻与落实市委、市政府各项决策内容，并且其部署到位。尽可能地盯紧收入，优化支出结构，确保本市财政基础力量始终保持科学、合理的状态。

（二）明确改革主体方向，健全管理机制

为进一步确保本市乡村振兴战略得以顺利实施，建议政府应该推进支出经济分类改革进程，目的在于进一步增强经济预算约束力。与此同时，本市政府应该强化预决算公开力度，目的在于进一步提升预算透明度。本市必须始终明确改革主体方向，立足于实际情况，适当推行绩效管理改革政策，最大限度地提升本市的财政绩效，以便为乡村振兴战略的顺利实施提供物质基础。以此为基础，认真贯彻与落实《灯塔市乡镇（街）财政管理体制改革实施方案》，以达到激发乡镇街发展活力的目的。

（三）紧抓实干，合理推进，促进本市乡村振兴发展

针对现阶段本市乡村振兴战略落实程度不高的问题，建议市政府应该紧

扣实施乡村振兴战略的新发展理念，坚持围绕各项目标任务，严格落实紧抓实干、合理推进的政策内容，为振兴发展新篇章提供物质基础。除此之外，本市应该加强管理，确保本市理财水平得以提升。这就要求政府应该规范理财程序，根据国家现行规范与要求，促进资金运行权责明确落实，以达到合理的监督效果。与此同时，应适当完善与强化财政业务流程，规范业务风险问题，确保各项经济资源不受损。需要注意的是，为进一步推进乡村振兴战略政策落实进程，建议省里应该加大对基层财政干部的培训力度，夯实基层财政管理基础。

总而言之，全面贯彻与落实乡村振兴战略措施是有效确保我国城镇化进程合理发展的基本保障。对于灯塔市而言，准确判断与把握社会主要矛盾，是有效促进当地城镇发展进程与乡村振兴战略科学实施的关键前提。建议灯塔市在推进本市发展进程的时候，应该明确当前制约全年财政增长的主要因素及当前发展中存在的主要问题。并以此为基础，深入分析与解决当前存在的阻碍问题，从根本上促进灯塔市城镇发展进程，确保乡村振兴战略得以稳妥落实。相信通过灯塔市政府及相关人员的不断努力与实践，灯塔市的经济发展势必会得到进一步发展。

第三节　乡村振兴战略下的文化创新

一直以来农村脱贫建设都是党特别关心的问题。党的十九大上，党将乡村振兴战略提出来，对其战略行动做出了目标任务的规划以及具体要求。由于中国文化从本质上来看就是乡土文化，所以乡村振兴战略显得尤为重要，如何在乡村振兴战略的实施下进行文化创新也是同等重要。本节就从乡村振兴战略的概念出发，谈谈乡村振兴战略提出的意义及如何进行乡村振兴战略下的文化创新。

民生问题一直以来都是党的关注重点，而关系民生的农村农业及农民的问题又是其中需要解决的重要问题。党的十九大提出要把"三农"问题作为党的工作重点，针对他们做好乡村振兴战略。随着党的十九大提出乡村振兴战略的实施，党和国家开始为解决"三农"问题着手，要想保证乡村振兴战略的实施卓有成效，还需要对其进行一定的文化创新，文化创新可以推动乡村振兴战略实际实施的发展，促进"三农"问题的解决，具有重要的现实意义。

党的十九大提出了乡村振兴战略，其中讲到农村农业农民"三农"问题是在解决国民生计时需要解决的关键问题，解决"三农"问题，怎样解决"三农"问题，解决好"三农"问题始终是党应该重点考虑的事情，怎样解决"三农"问题是其中的重中之重，需要对"三农"问题进行大改革。因此提出了乡村振兴战略，并开始进行乡村振兴战略的实施。2008年1月，中央针对"三农"问题，提出了乡村振兴战略的实施意见并发布了相关文件。2018年3月，政府工作报告也说到需要加大乡村振兴战略的实施，坚持党对农村进行管理工作，农村农业问题需要进行优先发展，在乡村振兴战略中要始终坚持把农民当作主体，体现其主体地位，实行乡村振兴需要城市乡村融合发展，不论何时都要坚持人与动物和谐相处，还需要因地制宜、循序渐进。党的十九大提出必须保持农村土地承包工作的稳定并且长久不变，土地承包第二轮后还需要再进行延长，延长期限三十年，以保障国家粮食的安全，中国人能将自己的饭碗紧紧抓在自己的手里。做好农村基层的基础工作，建设一支爱农村、明白农业、关爱农民的"三农"队伍。

一、乡村振兴战略下进行文化创新的意义

创新无论在什么时候都是需要的，毕竟它是一种进步的源泉，在乡村振兴战略下进行文化的创新是"三农"进步的动力，也是国家富强发展的不竭动力。文化创新作为文化的生命甚至是灵魂，同时也是先进文化发展源源不竭的动力。就当前来说乡村振兴发展史其实也是文化创新史。乡村振兴战略中进行文化创新，不仅体现了农民的智慧，更是体现了中华民族的智慧和文

明。国家进行文化创新的能力也是中国综合实力的一个重要标志。如果想要保持文化的先进性就必须进行文化创新，在全面建成小康社会的时代，文化创新也是一种有力保证。在乡村振兴战略下，实行文化创新，也能在很大程度上丰富农民的精神文化生活，积极鼓励农民跟上时代的步伐，随着国家和党的文化潮流走。往更深层次来看，文化创新是一个国家、民族面对全球文化竞争的手段，进行文化发展优势创造的一种战略，文化不仅是一种"软实力"，同时也能成为一种"硬实力"，不仅能够促进乡村振兴战略的实施，更是成为国家的一种综合竞争力的重要组成部分。

二、乡村振兴战略下进行文化创新的途径

随着新时代的到来，针对"三农"问题实施乡村振兴战略也需要创造新思维，开展新的工作模式，要想实现物质思维与文化思维进行结合统一，必须以文化思维作为优先考虑。乡村振兴战略要求城乡融合，在城市与农村共同发展的情况下，要以农村发展为重点，农村逐渐向现代化社会转型的过程中，必须具备文化创新意识，并将其有机融合到乡村振兴的整体过程及多个方面，以达到促进乡村振兴的目标。

（一）对于乡村特色文化产业要积极推进其发展

在乡村振兴战略的实施过程中，要对乡村文明，还有它在整个中华文明长河中扮演的角色及时代价值给予足够的重视，能够对乡村原创力进行培育。在中国保留传统开拓未来的理想上，"记住乡愁"是其飞翔的羽翼，另外"实现中国梦"也是，在文化创新上，牢牢抓住这两点。

在漫长的历史长河中，农耕文明在中国的历史上是灿烂而辉煌的，"耕田可以事稼穑，用学问改变社会"的一种文化理论还有一种儒家伦理"乡土中国"都是农耕文明孕育下的产物，农耕文明经历两千多年漫长的历史，充分而又深刻地影响着古代的精神文明布局。又系统地对乡村文化资源及自然资

源进行搜集整理，保护好历史留下来的乡村文化，建立以乡村文化为主体的展示馆及乡村文物收藏馆，建立起我国文化保存库，重视乡土文化的塑造，在日常生活中建立起乡村传统的仪式，以便为乡村文明提供和培育源头活水，进一步对乡村文化的复兴起到推动作用。

在乡村振兴战略中进行文化建设，就需要积极培养孕育及发展乡村文化的生产力。要充分发掘乡村自然资源中蕴含的文化价值，有句话说得好，绿水青山也能变成金山银山，冰天雪地也可以变为金山银山。在乡村振兴战略中培育有利要素加强乡村文化生产力度，以便乡村文化与文化科技、企业、金融相互融入。在新时代下，以积极的态度构建符合现代发展方向的乡村文化市场体系，积极组织乡村文化相关旅游活动，发展特色工艺，传统技艺，制作乡村文化艺术的创造计划，并且进行推进，组织生态艺术的展示，如花田艺术的展览。另外，可以结合乡村的实际情况，针对具有特色的乡村题材可以进行影视拍摄、出版，将它们运用到现代化产业中，发展能够促进乡村文化创新的新兴行业，在一定程度上，这样的方式能够完成遗产保护、传媒推广等的有机结合，创造具有乡村特色的文化产业。

（二）加大发展乡村文化创新力度

要想开展乡村振兴战略，并且顺利实施，就要对农村第一、二、三产业进行协调发展，构建三者结合发展的产业体系及生态系统，积极开展乡村文化创新工作，培育乡村文化创新力。

在进行生态农业的发展及特色文化产业的发展基础上，也要充满激情地发展创意农业，特色旅游业、特色加工业等产业领域。乡村振兴战略下的文化创新，需要建造人、事物、人文、景观等要素的结合的创意工程，并且与村落美学、乡村故事、自然博物馆的建设相互协调，打造一村一乡的特色文化，促进乡村特色的"一源多用"对乡村文化储存资源朝着乡村文化经济不断创造的方向转化及发展创新，实现乡村产业的振兴策略。

对乡村文化实施振兴与发展，就是要求能够对颇具乡村文化的社会进行综合治理，发挥和提升乡村文化的优势。保持乡村原始的乡土味道，保留乡村泥土的芬芳，深种土地情怀，坚定根土精神，不要触碰生态环境的底线。随着信息技术的迅速发展和普及，以及一些基础设施设备在乡村建设起来，要保留乡村特色，使其的生态面貌与城镇的环境有着显著区别，在乡村中，应该是能够看得见山和水，也能体会得到乡愁的。实现乡村文化创新，得对乡村文化认同、文化保留培育、生态持续发展、生活水平进行提升。同时，做好乡村农民意见的民主政策，培养优秀的能够将乡村文化与新时代文化相结合的乡绅，建立起一系列的乡村特色发展、文化创新活动。

　　实行乡村振兴战略积极解决"三农"问题，在这样的情境下进行文化创新，必须将新时代变化与乡村特色文化相融合，既要保留乡土文化，也要开展特色文化与其他产业的结合。培养新时代青年，在坚守乡土信念的同时积极发展文化创新，构建更加特色和谐的乡村文化和乡村生活模式。

第四节　新时代乡村振兴战略的鲜明特色

　　乡村振兴战略是当代中国"三农"工作的思想指南和行动纲领。它形成于中国特色社会主义新时代这一特殊历史时期，具有显著的时代特征；它以解决农业农村发展不平衡不充分问题为目标，具有突出的问题导向特征；乡村振兴战略注重国家系统、整体谋划，具有科学的顶层设计特色；乡村振兴战略的实施注重实际差异、强调因地制宜，具有典型的实践创新性特点。

　　党的十九大以来，对实现农业农村现代化做出了重大战略部署，提出了乡村振兴的重要发展战略，这是马克思主义理论与中国特色社会主义建设实践相结合的最新成果，是当代中国"三农"工作的思想指南和行动纲领。这一战略是在继承新中国成立以来已经取得的"三农"工作成果的基础上，针对新的历史条件下中国经济社会发展的最新需求，最终以中共中央、国务院决定的形式予以颁布和确立的"三农"工作的总体规划或总纲领，从而构成了当代中国做好"三农"工作、实现农业农村现代化的战略谋划。从乡村振兴战略形成的历史节点、针对的现实问题、运用的思维方法、实现的路径选择上看，它具有显著的时代特征、突出的问题导向、科学的顶层设计、典型的实践创新等鲜明特色。

一、显著的时代特征

与时俱进是马克思主义最重要的理论品质。反映时代特征、顺应时代要求是国家发展战略秉承马克思主义理论品质、与时俱进的突出表现。乡村振兴战略具有显著的时代特征主要是指它形成于中国特色社会主义进入新时代这一特殊历史时期，能够反映新时代国家发展对"三农"工作提出的新要求，能够解决新时代条件下实现农业农村现代化面临的新课题，从而使其充满着浓郁的时代气息。

党的十九大报告指出，"中国特色社会主义新时代，这是我国发展新的历史方位""从十九大到二十大，是'两个一百年'奋斗目标的历史交汇期。我们既要向全面建成小康社会、实现第一个百年奋斗目标，又要乘势而上开启全面建设社会主义现代化国家新征程，向第二个百年奋斗目标进军"。中共中央、国务院《关于实施乡村振兴战略的意见》中指出，实施乡村振兴战略"是决胜全面建成小康社会、全面建设社会主义现代化国家的重大历史任务，是新时代'三农'工作的总抓手"。"中国特色社会主义新时代、全面建成小康社会、全面建设社会主义现代化国家"共同构成了乡村振兴战略形成的时代背景。乡村振兴战略也正是从我国所处的新的历史方位出发，既对标全面建成小康社会必须完成的硬任务，又着眼筑牢全面建设社会主义现代化国家的坚实基础而提出的。它所要回应的是中国特色社会主义进入新时代后如何实现农业农村现代化这一重大历史课题。

深刻分析乡村振兴战略产生的时代背景，准确把握它面临的时代任务和要解决的时代课题，是深入理解乡村振兴战略的基本出发点，也是科学认识中国特色社会主义理论最新发展成果的必然要求。从总体上看，乡村振兴战略是改革开放以来"三农"工作整体战略中的一个特殊发展阶段和重要组成部分，它是中国特色社会主义进入新时代对"三农"工作的战略规划，也是国家农业农村现代化理论和战略在新时代的提高与升华。乡村振兴战略显著的时代特征就在于它既是具体的、历史的，又是整体的、统一的。把握好乡村振兴战略的时代特征既要注重从具体的历史条件出发，也要注重从国家战略发展变化的整体出发。

二、突出的问题导向

问题是时代的声音，只有准确把握每个时代面临的问题，才能找到引领时代进步的路标。坚持问题导向既符合马克思主义认识论的内在要求，也是贯彻党的思想路线的具体体现。党的十八大以来，国家各项战略制定的基本依据就是建立在科学分析时代难题、准确把握社会主要矛盾的基础之上的。"增强问题意识""坚持问题导向"是新时代国家战略形成和产生的鲜明特征。乡村振兴战略也是以解决新时代社会主要矛盾为出发点，以"三农"工作中存在的重大问题为导向而提出的推动我国农业农村现代化的新谋划、新举措。

党的十九大报告指出，"中国特色社会主义进入新时代，我国社会主要矛盾已经转化为人民日益增长的美好生活需要和不平衡不充分的发展之间的矛盾"。中共中央、国务院《关于实施乡村振兴战略的意见》中特别强调，"当前，我国发展不平衡不充分问题在乡村最为突出"。并从农产品供给状况、农业供给质量、农民适应生产力发展和市场竞争能力、新型职业农民队伍建设、农村基础设施和民生领域欠账、农村环境和生态问题、乡村发展整体水平、国家支农体系建设、农村金融改革、城乡要素流动机制、农村基层党建、乡村治理体系和治理能力等方面做了全面、系统的分析，进而指出，"实施乡村振兴战略，是解决人民日益增长的美好生活需要和不平衡不充分的发展之间的矛盾必然要求"。"我国农业农村发展已进入新的历史阶段，农业的主要矛盾由总量不足转变为结构性矛盾、矛盾的主要方面在供给侧，必须深入推进农业供给侧结构性改革，加快培育农业农村发展新动能，开创农业现代化建设新局面"。可见，农业农村发展的问题意识和问题导向贯穿和反映在党的十九大以来"三农"工作的全过程和各个方面，成为乡村振兴战略设计的一个重要特征。解决"三农"领域存在的突出问题，有针对性地回应人民群众的社会关切，是乡村振兴战略的根本出发点和落脚点。

"什么叫问题？问题是事物的矛盾。哪里有没有解决的矛盾，哪里就有问题。"正视问题、发现并抓住问题才能做到有的放矢，才能赢得解决问题的主动。中国实现农业农村现代化一样需要正视、发现并抓住"三农"领域存在的突出问题。2018 年"中央一号文件"中关于"三农"工作的八项重大部署都是围绕关键问题展开的，每一项部署都重点解决一类问题，充分体现了乡村振兴战略突出的问题导向特征。

三、科学的顶层设计

顶层设计是一个工程学名词，旨在通过统筹考虑一个项目的各层次、各要素，并寻求在最高层次上解决问题的思想方法。党的十八大以来，顶层设计已经成为一个中国政治领域的新名词，专指改革进入深水区之后，仅靠"摸着石头过河"已经无法适应改革需求，因而要统筹考虑各种要素的关联、匹配与衔接，加强中央对改革方案的系统谋划，从而使改革具备实践可行性。乡村振兴战略就是党中央对"三农"工作进行系统谋划的成果。从总体上看，乡村振兴战略是建成社会主义现代化强国的战略谋划之一；从乡村振兴战略本身来看，它又自有逻辑、自成体系。

"实施乡村振兴战略是党和国家的大战略，必须要规划先行，强化乡村振兴战略的规划引领。"自党的十九大提出实施乡村振兴战略以来，中共中央先后颁布了两个"中央一号文件"，对实施乡村振兴战略，做好"三农"工作进行了全面部署，并制定了《国家乡村振兴战略规划（2018—2022 年）》，对实施乡村振兴战略作出阶段性谋划，从而搭建起了实施乡村振兴战略的"四梁八柱"，其中，包括国家战略规划引领、党内法规保障、国家法治保障、领导责任制保障等重要内容，并布置了82项重要战略、重大行动、重大工程，对如何解决钱、地、人的问题做了统筹安排，此外，还建立了包含22项具体指标的乡村振兴战略指标评价体系等。与此同时，地方政府也开始抓紧出台各地的乡村振兴战略规划。目前，乡村振兴战略在中央的总体设计、统筹协调之下，正在全国范围内整体有序推进。

顶层设计的优势在于可以做到管长远、顾全局、抓根本。乡村振兴战略方案是一个全面、深刻、缜密的农业农村现代化蓝图，既涉及农村产业、文化、治理、民生、生态等方方面面，也涉及了城乡融合发展体制机制和政策体系，还涉及了国家法制建设、党的农村工作领导体制机制等各种问题，不注重整体性、协同性、关联性，就会顾此失彼，得不偿失。从乡村振兴战略的提出到实施，充分彰显了中共中央强大的顶层设计能力和稳健成熟的改革控制能力。可见，注重科学的顶层设计是乡村振兴战略的一个突出特点，把握好这一特点能够使我们更准确地理解乡村振兴战略的深刻内涵，从而更好地将其贯彻落实到具体行动之中。

四、典型的实践创新

社会生活在本质上是实践的。实践是马克思主义永葆生机与活力的源泉，实践也是中国特色社会主义不断发展与完善的动力。乡村振兴战略是在社会主义现代化建设的伟大实践中才得以形成、发展和完善的，乡村振兴战略描绘的美好蓝图，也只有通过生动具体的实践活动才能最终实现。典型的实践品格构成了乡村振兴战略的固有特质。

制定乡村振兴战略规划的过程中，国家发展和改革委员会先后多次派出调研组，深入河南、辽宁、吉林、江西、湖南、四川、贵州、陕西、甘肃等省开展专题调研，实地察看了农村农业生产情况、基础设施建设状况、集体经济组织运行情况等，深入了解农业农村发展中存在的问题，掌握农民生产生活上存在的突出困难，听取基层干部群众的诉求建议，并将切实有效的解决方案和具体措施充分体现在乡村振兴战略规划当中。不仅如此，国家发展和改革委员会还会同民政部、农业农村部、文化和旅游部等相关部门组成联合调研组开展乡村振兴战略规划编制专题调研。乡村振兴战略规划是在充分调研的基础上形成的，切实反映了当前农业农村的发展状况，体现了亿万农民的新期待。乡村振兴战略在各地贯彻落实的过程中，同样以各地的实践探索为基础，形成了多种多样的乡村建设样板、产业发展格局、农村土地改革路径、乡村社会治理模式。仅被人民网报道的就有上百个地区的典型经验和做法，这些都是各地政府结合本地实际实施乡村振兴战略的实践成果，也是人民群众发挥主体作用推进乡村振兴的生动诠释。

党中央已经明确了乡村振兴的顶层设计，各地要制定符合自身实际的实施方案，科学把握乡村的差异性，因村制宜，发挥亿万农民的主体作用和首创精神，善于总结基层的实践创造。在中央统一规划的前提下，鼓励地方结合本地实际积极探索乡村振兴新路子的做法是党的十九大以来乡村振兴战略实施的鲜明特点。此外，突出强调弘扬实干、担当精神，也是新时代乡村振兴实践的突出亮点。习近平总书记多次强调，"要坚持以实干促振兴""一件事情接着一件事情办，一年接着一年干"。由此，一系列关于督办协调、督查落实、考评激励、责任追究的工作机制、制度规定相继出台。可见，乡村振兴战略的实施是实践探索与创新精神的有机结合，是党同人民群众建设中国特色社会主义的又一次伟大创造。

乡村振兴战略是从建设中国特色社会主义事业全局出发，立足全面建成小康社会，着眼全面建设社会主义现代化国家，以解决"三农"问题为导向提出的国家发展战略。它明确了当代中国特色社会主义现代化建设必须完成的硬任务，为实现农业农村现代化指明了方向，为乡村全面振兴提供了思想引领、战略谋划和行动纲领。乡村振兴战略形成于中国特色社会主义新时代这一特殊历史时期，具有显著的时代特征；它以解决农业农村发展不平衡不充分问题为目标，具有突出的问题导向特征；乡村振兴战略注重国家系统、整体谋划，具有科学的顶层设计特色；乡村振兴战略的实施注重实际差异、强调因地制宜，具有典型的实践创新性。乡村振兴战略的鲜明特色是其区别于我国历次农业农村改革方案的关键所在，也是其具有强大生命力、得到群众广泛支持的根源所在，它必将在中国特色社会主义发展史上书写亮丽的一笔。

第五节　社会学视野中的乡村振兴战略

习近平总书记提出的乡村振兴战略，作为我国农村实现现代化的宏大叙事、作为新时代做好"三农"工作的"总抓手"，意义深远而重大。在社会学视域里，促进农村社会良性运行和协调发展是乡村振兴战略的本质；城乡融合发展、实现农村社会的现代化是乡村振兴战略的目标；建设乡村社会共同体、重塑乡村社会公共精神是乡村振兴战略的关键；改善和保障乡村民生、实现乡村社会"七有"是乡村振兴战略的托底；创新乡村基层社会治理，实现乡村社会"治理有效"是乡村振兴战略的抓手。

党的十九大报告中指出，经过长期努力，中国特色社会主义已经进入新时代，我国社会主要矛盾已经转变为人民日益增长的美好生活需要和不平衡不充分的发展之间的矛盾。从党的十九大报告提出要实施乡村振兴战略，到2018年1月2日中共中央、国务院《关于实施乡村振兴战略的意见》"中央一号文件"颁布，再到2018年5月31日中共中央政治局召开会议审议了《乡村振兴战略规划（2018—2022年）》，经过从战略构想到顶层路线图再到政策框架确定的一系列转换，标志着乡村振兴战略在我国广袤的农村开始落地生根、开花结果。乡村振兴作为我国农村实现现代化的宏大叙事，作为新时代做好"三农"工作的"总抓手"，意义深远而重大。本节尝试从社会学的视角对乡村振兴战略思想作粗浅的探讨。

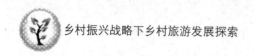

一、促进农村社会良性运行和协调发展是乡村振兴战略的本质

从 20 世纪 70 年代末农村经济体制改革以来，整体上农村经济社会发展得到长足发展，但是与城镇的迅速扩张、现代化程度不断提升相比，农村产业凋敝、农业产出效益低下、基础设施落后、青壮年精英人才外流、民生保障水平较低，并没有完全实现与我国全面建成小康社会、实现现代化的目标相向而行。从社会学视角看，可以认为农村社会没有实现良性运行和协调发展。在社会学的视野里，包括乡村在内的社会，均由承担着不同功能的结构组成，只有不同构成部分之间实现良性运行和协调发展，才是真正意义上的社会振兴，也就是说，只有当乡村社会的经济、政治、文化、社会、生态文明系统之间及各系统内部不同部分、不同层次之间的相互促进，乡村社会才是良性运行和协调发展的。因此，乡村振兴着重要解决我国城乡社会发展不平衡不充分的问题，目标在于实现全面、系统的发展，实现"产业兴旺、生态宜居、乡风文明、治理有效、生活富裕"，实现我国乡村经济建设、政治建设、文化建设、社会建设和生态文明建设统筹协调发展。由此可见，从社会学的视角看，促进农村社会良性运行和协调发展是乡村振兴的本质。

二、城乡融合发展、实现农村社会的现代化是乡村振兴战略的目标

我国"三农"问题由来已久，尽管"三农"问题连续多年成为"中央一号文件"的关注对象，尽管学界对"三农"问题有着非常多的研究，但始终没有能取得实质性的突破。究其原因，既与农业农村农民发展的独特性特征相关，更与我国长期以来实施的城乡分治、以城带乡战略相关。新中国

成立后，我国确立了优先发展社会主义工业、建立工业化国家的战略，长期实行的农业支持工业、农村支持城市的发展策略逐渐形成了我国城乡分治格局和城乡二元结构。改革开放以来，尽管农村社会也得到长足发展，但在市场化、工业化、城镇化的大潮中，"城乡二元结构"并未得到根本改观，而是在城市社会迅猛发展的同时，农村社会的边缘化地位更加明显，与城市社会的繁荣兴盛相比，农村社会日益显得凋敝和落后，农村青壮年群体加快向城市社会流动，农村经济社会发展缺乏人才，全国各地出现了诸多的"空心村"，留守妇女、留守老人、留守儿童成为农村主要常住人口，进而带来农村民生和社会保障一系列困境。但是，中国的现代化不可能只有城市现代化，不可能所有的农村人口都能转化为城镇人口，广大的农村地区是我国经济社会发展的大有可为之地，阻止农村的持续凋敝衰败，甚至"农民的终结"是中国特色社会主义现代化的必由之路，不是消灭乡村，而是必须振兴乡村，不是城乡二元、城乡分治，而是要走向城乡融合。正如党的十九大报告指出，"没有农业农村的现代化，就没有国家的现代化"。因此，从社会学的视角看，实现城乡融合发展，进而实现农村社会的现代化，是乡村振兴的目标。

三、建设乡村社会共同体，重塑乡村社会公共精神是乡村振兴战略的关键

党和政府历来高度重视"三农"问题，并且不遗余力地促进农业农村农民的发展，建立制度、提出战略、出台政策，尤其是在推动农业产业发展、促进农村基础设施建设、保障和改善农村居民的民生等方面，投入了很多资源、下了很大气力，如社会主义新农村建设、新型农村合作医疗制度、美丽乡村建设、农业经营体系建设等，虽然都取得了一定效果，但没有从根本上改变城乡格局中农村的弱势地位和城乡发展中农村的相对滞后状况。

从社会学视角看，乡村社会弱势地位和滞后发展的长期难以改变的局面，与我国农村社会正在发生的一种根本性变革——社会个体化密切相关，我们恰恰忽视了或未能认识到这种正在发生的根本性变革。所谓个体化是指，在社会流动和社会分化日益加速背景下，城乡社会个体逐渐从原来作为其行动框架和制约条件的阶级、单位或集体、社区，甚至家族和家庭中抽离，同时也从所属的抽象集体主义和传统道德规范中解放，日益自由并成为能"自己决定自己命运"的个体，社会的个体化特征和趋势日益清晰。

整体而言，我国乡村社会个体化大致经历了两个阶段：一是改革开放初期，乡村个体从无所不包的计划经济和全能主义国家中脱嵌；二是 20 世纪 90 年代中期开始乡村个体从所属的集体、家族、家庭甚至亲密关系中脱嵌，个体化之后，越来越多的人成了"为自己而活"和"靠自己而活"的原始个体。个体化，一方面，导致个体面临的是更多不确定性和不安全性困扰，社会风险不断向孤立、孤独的社会个体沉淀；另一方面，导致乡村社会共同体事实上的瓦解和乡村社会公共精神的衰落。乡村的个体化变革所导致的乡村社会共同体和公共精神的瓦解，消弭了乡村社会建设或振兴的社会基础。因此，从社会学视角看，乡村振兴的关键在于，能否真正建设好乡村社会共同体、重塑乡村公共精神。

四、改善和保障乡村民生，实现乡村社会"七有"是乡村振兴战略的托底

由于农业现代化程度不高以及比较效益低下，广大农民增收缓慢，这成为掣肘农村居民"生活富裕"的重要因素，在大量青壮年精英农村人口向城市流动的社会背景下，"留守"人群成了农村经济社会发展的主力军，但他们的抗风险能力低，往往容易成为社会弱势人群。同时，由于农村经济社会发展缺乏充足的资源投入，与城市社会发达的社会保障和公共服务水平相比，乡村社会保障水平相对低下，在教育、就业、医疗、住房、养老等民生事业

方面保障不足、面临着诸多困境，因学、因病、因残等致贫、返贫现象较多，留守儿童照料、留守老人的赡养均存在着诸多现实困境，成为乡村居民对美好生活向往的重要障碍。乡村振兴，必然内在地包含着广大乡村居民对美好生活的需要和生活富裕的要求。社会保障能在面临失业、疾病、伤害、年老及家庭成员死亡、薪资中断的情况下为社会成员提供基本生活保障，因此，改善和保障乡村民生，是实现乡村振兴的托底机制。

改善和保障乡村民生，具体而言就是要实现党的十九大报告提出的"幼有所育、劳有所得、学有所教、病有所医、老有所养、住有所居、弱有所扶"的"七有"目标，加快农村社会保障体系的完善和保障水平的提高、促进乡村公共服务和公共产品的供给。重点要完善留守儿童的关爱服务体系，加大乡村托幼机构和学前教育机构的投入力度，加快探索建立以居家养老为基础、以社会养老为补充的农村社会养老服务体系、加快城乡医疗保障体系一体化建设提高农村居民医疗保障水平。在此基础上，要结合乡村社会共同体建设，培育和发展农村公益类、慈善类社会组织，对政府民生保障形成有益的补充。

五、创新乡村基层社会治理，实现乡村社会"治理有效"是乡村振兴战略的抓手

乡村治，天下安。创新和加强乡村基层社会治理是乡村振兴战略的重要内容，也是实现乡村振兴的重要保障。改革开放以来，我国乡村发生了翻天覆地的变化，农村经济得到迅速发展，在此基础上，农村利益格局深刻变动、社会结构深刻转换、农民思想观念深刻变化，乡村社会的深刻变化对原有乡村基层治理体系、治理机制和治理能力提出了新挑战、新要求。

当前，党对乡村的领导有待加强，乡村自治机制有待强化，乡村法治水平、德治水平有待提升，平安乡村建设面临新情况。面对新挑战，实现新要求，关键在于实现更加高效的乡村社会治理，"治理有效"是党的十九大

提出的乡村振兴战略目标之一，创新乡村社会治理则是实现"治理有效"的基本手段。"自治""法治""德治""心治"是乡村社会治理的四种重要手段，实现乡村基层社会"治理有效"，就是要推动上述四种治理手段创新。一是要完善乡村村民自治体系。激发乡村多元自治主体活力，形成包括乡镇党委政府、村委会、家族家庭、村民个人、企业和社会组织在内的多元主体自治体系；构建和完善乡镇党委政府领导的、其他多元自治主体积极参与的有效互动模式；形成制度政策完备、资源供给充足的乡村社会基层多元主体自治机制。二是要加强乡村依法治理体系建设，要通过乡村基层政府学法、信法、懂法，依法决策、依法执法，为乡村社会树立法治权威，要加强基层法律服务机构建设，要推动法制教育全覆盖，既包括基层政府、自治机构，也包括村民，既包括党员干部，也包括普通群众，既包括成年人，更要加强未成年人法制教育。三是要创新乡村德治体系建设，在继承乡村传统道德合理基因的基础上着力推进新时代乡村道德体系的创新，构建与当前乡村社会关系、社会结构相适应的新的道德内容体系，引领新时代乡村道德新风尚。四是要加强乡村心理健康服务体系建设。要根据乡村经济社会发展及利益格局、道德观念变动，完善乡村心理健康服务的内容体系，着力在个体、群体和村庄层面做好心理服务工作；加强心理服务主体建设，依托现有乡村卫生室或者新建乡村心理服务站，加强乡村心理服务主体的培训工作，保证每个建制村能有一名及以上的专职心理服务工作者；要增加政府购买心理类社会组织的服务方式，开展村民心理普查，建立心理疾患的发现、排查、诊断和治疗机制，助力村民心理健康，培养自尊自信、理性平和、积极向上的乡村居民。

第六节　乡村振兴战略下的基层治理

党的十九届四中全会审议通过了《中共中央关于坚持和完善中国特色

社会主义制度、推进国家治理体系和治理能力现代化若干重大问题的决定》（以下简称《决定》），全面落实《决定》关于新时代乡村振兴与基层治理现代化的部署要求，探索完善新时代"三农"工作的制度框架和政策体系，需要从重点突破、形成合力、"多点开花"，绘就新时代"三农"工作新蓝图。

一、完善农村经济制度推动农村经济高质量发展

实施乡村振兴战略，要统筹推进农村经济建设、政治建设、文化建设、社会建设、生态文明建设和党的建设，加快推进乡村治理体系和治理能力现代化。乡村振兴，产业振兴是基础，发展农村经济是乡村振兴的重要内容。《决定》明确提出，"深化农村集体产权制度改革，发展农村集体经济，完善农村基本经营制度"。

"实施乡村振兴战略，完善农业农村优先发展和保障国家粮食安全的制度政策"。这是党的十九大之后党中央对乡村振兴战略的再动员、再部署。按照《决定》的决策部署，在大力实施乡村振兴战略、推动基层治理现代化的进程中，需要重点完善农村经济制度和基本经营制度。

国家治理体系和治理能力是一个国家的制度和制度执行能力的集中体现，两者相辅相成，坚持社会主义基本经济制度对于推动高质量发展具有重要作用。党的十八届三中全会提出，全面深化改革的总目标是完善和发展中国特色社会主义制度，推进国家治理体系和治理能力现代化。党的十九大明确将"实现国家治理体系和治理能力现代化"作为全面建设社会主义现代化国家的重要内容。党的十九届四中全会指出，中国特色社会主义制度是党和人民在长期实践探索中形成的科学制度体系，我国国家治理一切工作和活动都依照中国特色社会主义制度展开，我国国家治理体系和治理能力是中国特色社会主义制度及其执行能力的集中体现。当前，我们正面临百年未有之大变局，机遇与挑战并存。为此，必须坚持和完善社会主义市场经济体制，贯

彻新发展理念，推进供给侧结构性改革，建设更高水平开放型经济新体制，不断将中国特色社会主义事业推向前进。

要以集体经济助推农村社会治理现代化，突出农村基层党组织在农村全部工作中的战斗堡垒作用。深化农村改革，发展农村经济，促进农村和谐，维护农村稳定，建设社会主义新农村，都需要更好地发挥农村基层党组织的战斗堡垒作用。而决定农村基层党组织功能作用大小与领导班子战斗力强弱的核心要素和根本缘由，其实不仅在村级干部队伍的具体素质，而且在于村级集体经济的整体力量。推进农村社会治理体系与治理能力现代化，属于一项长期而艰巨的历史任务，必须有大量的持续性财力投入作支撑。

要想把农村社会治理好，就必须不断提升农村社会公共服务的水平与质量。让广大农民群众实实在在地体验到越来越高的获得感、幸福感和安全感，这也是我们党不忘初心、牢记使命的重要内涵。但在实际操作中，每年1万多亿元的涉农财政支出，真正到农村生产第一线和农民群众手中的并不多。一些基本的均等的公共服务长期欠账，提供的方式方法也不尽合理。同时，对于一些微观领域的公共服务与公益事业，国家不可能全部"兜"起来，还得由村级组织依靠集体经济来自力更生。但是，绝大多数行政村的公共财产早已分干卖尽，使得部分村级组织债台高筑，一些乡村成了名副其实的"空壳村"。以湖北省为例，全省现有26 292个行政村，负债数为25 503个，占97%；村级净债务总额为55亿元，平均每村20.8万元。虽然国家在农村税费改革之后不断加大对基层财政转移支付的力度，但仍然难以维系村级党组织正常履行职责所必需的运转需求。

当前我国各地那些先进的农村党支部与村委会之所以能够充分发挥战斗堡垒作用，努力朝着"领导坚强有力、群众生活富裕、村务管理民主、乡风文明进步、公益服务完善、社会稳定和谐"的目标奋勇前进，其中最为核心的东西，就是背后有强大的集体经济力量在支撑。因此，要强化党的基层组织建设，实施乡村振兴战略，推进农村社会治理现代化等各项工作，关键就是积极探索新时期农村集体经济的实现形式和不断发展壮大集体经济力量。

二、发展农村合作经济组织促进城乡融合发展

党的十九大报告指出，要"深化农村集体产权制度改革，保障农民财产权益，壮大集体经济"。农村集体经济组织的运行机制创新，是深化农村集体产权制度改革、保障农民财产资产权益、发展壮大集体经济的基础与保障。供销合作社作为我国历史最悠久、覆盖最广泛、体系最完整的为农服务合作经济组织，是党和政府密切联系农民群众的桥梁纽带，要完善以供销合作社为代表的农村合作经济组织，健全城乡融合发展体制机制。

《决定》明确提出，要"完善农村基本经营制度"。我国小农生产有几千年的历史，大国小农是我国的基本国情、农情，小规模家庭经营是我国农业的本源性制度。要实现乡村振兴和基层治理现代化，首先，必须坚定不移走中国特色的农业现代化道路。中国特色的农业现代化道路既不能走土地占有严重不平衡的拉美道路，也不能照搬发达国家大规模家庭农场发展模式，而必须是中国特色的适度规模经营之路，既要避免土地撂荒和经营规模过于碎小，又要防止土地过度集中、人为"垒大户"。其次，必须坚定不移构建中国特色的农业经济体系。我国农业经济体系和其他国家都不一样，是农村集体经济、家庭经济、合作经济、国有经济等组成的具有中国特色的农业经济体系。最后，必须坚定不移完善农村基本经营制度。要顺应农民保留土地承包权、流转土地经营权的意愿，把土地承包经营权分为承包权和经营权，实现承包权与经营权分置并行。

通过乡村振兴，形成城乡融合发展和现代化建设新局面。促进城乡融合发展，既要政策引导和扶持，推动城乡产业规划、基础设施、公共服务一体化，也要发挥各类经济社会组织的作用，引导资金、技术、人才、管理等现代生产要素在城乡之间双向自由流动。乡村产业植根于农村，以农业农村资

源为依托，以农民为主体，以第一、二、三产业融合发展为核心，既要适应地域特色，充分发挥乡村资源、生态和文化优势，加快发展特色产业，大力发展农产品加工业，发展新型服务业，又必须面向市场、沟通城乡、双向流通，才能确保农民提供的产品和服务既能产得出、产得优，也能卖得出、卖得好。比如，农村第一、二、三产业融合不是简单的一产"接二连三"，关键是完善利益联结机制。在这方面，农村合作经济组织集生产主体和服务主体于一身，融普通农户和新型主体于一体，在推动农村第一、二、三产业融合，组织带领农民千家万户小生产联结城乡千变万化大市场等方面，具有天然优势。

三、实施乡村振兴战略保证乡村教育先行

实施乡村振兴战略，就要优先发展农村教育事业；发展乡村教育，是乡村振兴战略的重要支点。实施乡村振兴战略，就必须发展乡村教育、振兴乡村文化，培育新时代乡村文化新氛围。新东方教育科技集团董事长、洪泰基金联合创始人俞敏洪认为，乡村振兴，教育先行，当下推动乡村教育进一步发展需要关注乡村学校教育和农村家庭教育两个方面。

优先发展乡村教育，就要认真落实好《乡村振兴战略规划（2018—2022年）》，要办好服务"三农"的乡村学校。在提升乡村学校教育方面，俞敏洪指出了三个亟待解决的问题。第一个问题是优质教育资源的引进。通过"互联网＋教育""AI＋教育"，农村孩子可以实时享受到与城市孩子一样的优质教育资源，也可以获得非常好的教学体验。2016年开始，新东方就通过开展"双师课堂"模式，积极推进教育资源均衡。2017年还联手好未来出资1亿元发起成立"情系远山公益基金会"。第二个问题是师资问题。发展乡村教育，教师是关键，必须把乡村教师队伍建设摆在优先发展的战略地位。城市教师对于乡村学生习惯的培养、品格的养成发挥作用是有限的，问题是怎么培养、引进优秀的乡村教师，并留住他们。因此，应提高乡村教师工资待遇，让农

村教师岗位有更大的现实吸引力；制定促进乡村教师成长的顶层规划，让乡村教师成为有前景的职业，提升乡村教师的职业认同感荣誉感；给乡村教师创造更多接受培训和提升能力的机会。此外，还应向有实力的社会资源敞开大门。2008 年，新东方就与民盟中央发起"烛光行动——新东方教师社会责任行"公益活动。第三个问题是乡村学校教育需注重全人教育，促进孩子全面成长。乡村学校校长、教师需要有让孩子全面发展的意识，去培养孩子的品格、品德，提升他们的思维能力、审美能力，开阔他们的视野，而不只是应试。社会各界，比如教育领域的一些培训公司，也应定期为乡村学校孩子开设一些公益课程。

在家庭教育方面，应该尽量让孩子和父母在一起，这在很多时候比学校教育还要重要。父母在孩子成长中的缺位，会对孩子的情感发展、性格养成、心理健康等造成负面影响。国家可通过产业调整和教育政策调整去解决留守儿童问题；多向在外打工的父母宣传家庭教育的重要性，同时给予一定的政策支持，让他们更容易将孩子带在身边。新东方近期开展的公益活动"我的大朋友——新东方乡村儿童一对一助学计划"就是一个好的探索。总之，乡村教育离不开政府、高校、科研机构、企业等多方主体的关注和支持，唯有结合地方实际、实现资源整合、发挥各自优势，才能促进乡村教育发展、助力乡村振兴实现。

四、以推进基层治理现代化书写"三农"新篇章

《决定》明确指出，"构建基层社会治理新格局……健全党组织领导的自治、法治、德治相结合的城乡基层治理体系"。实施乡村振兴战略，生态宜居是关键，乡风文明是保障，治理有效是基础。实施乡村振兴战略，不能光看农民口袋里的票子有多少，更要看农民的精神风貌怎么样，乡村人居环境、社会文明程度和基层治理水平怎么样。要以党的领导统揽全局，以社会主义核心价值观为引领，坚持教育引导、实践养成、制度保障三管齐下，以法治

"定分止争"、以德治"春风化雨"、以自治"消化矛盾",注重采取符合农村特点的有效方式,既要注重运用现代化治理理念和方式,更要注重发挥农村传统治理资源的作用,通过健全乡村管理和服务机制,发挥群团组织、社会组织和合作经济组织、经营服务组织的作用,发挥行业商会的自律功能,让农村社会既充满活力又和谐有序。在这方面,农村合作经济组织具有联系农民、服务自我的独特功能和优势。按照国际合作社联盟对合作社的定义,合作社是人们自愿联合、通过共同所有和民主管理的企业,来满足共同的经济、社会与文化需求的自治组织。

中国社会科学院学部委员、原工经所所长吕政认为,乡村治理必须聚焦两个关键核心问题。首先,要坚持党的领导。党的十九届四中全会明确指出,"必须坚持党政军民学、东西南北中,党是领导一切的"。村民自治是党领导下的自治。实践证明,凡是脱离或削弱党的领导的地方,乡村权力就有可能被宗族势力、金钱势力、黑恶势力把持和操纵。如果脱离党的领导,那些所谓依靠"乡贤""能人"等实行乡村治理的主张,将会使乡村权力成为少数人谋取私利的工具。中国共产党在成立近 100 年的时间里,领导中国人民实现了民族独立和解放,进行了社会主义建设和改革开放,推动了社会的进步和中国的发展,取得了巨大的成就。中国共产党坚持马克思主义与具体国情相结合的中国特色社会主义道路,符合时代发展的客观要求;中国共产党具有严明的政治纪律、组织纪律及完善的党内监督机制、群众监督机制,不断地清除违背党的宗旨、危害人民利益的腐败分子,保持党的纯洁性。因此,必须坚持党的领导。其次,要坚持制度自信。要真正认识到中国特色社会主义理论、中国特色社会主义制度及中国特色社会主义道路遵循当代中国经济社会发展的客观规律,代表中国最广大人民的根本利益,为国家的长治久安和经济社会的不断发展提供可靠保证,是引领中国走向繁荣富强的必由之路以及不二选择。当前,有一种观点认为,深化农村经济体制改革、解决深层次的矛盾,就应当实行土地私有化,实现耕者有其田。这种主张将颠覆我国以公有制为主体的社会主义所有制的基础，是错误的主张。土地私有化会导致大多数农民失去土地，因为私人资本会到农村并购土地，形成新的地主阶级，加剧农村的两极分化。我国实行农村土地集体所有制，使得农民拥有长期承包权、经营权和土地流转权。这保证了广大农民的根本利益，促进了农村生产力的发展，维护了社会的公平与正义，是实现乡村有效治理的经济基础。

坚持依法治国和以德治国相结合，就要重视发挥道德的教化作用。国家治理是一个系统工程，而基层治理是大厦之基，更需德法共治、以德为先。

乡村振兴、基层治理的客体是民众，主体是地方政府，特别是区县一级政府，因此，应坚持引导、教化、干预等多措并举，让德治在基层开花结果。首先，政府有为引导是关键。长期以来，基层治理中官治与自治并存，但起主导作用的仍是政府。敦化民风是一个长期的过程，需要政府不断发力、久久为功。其次，传承中华优秀传统文化是灵魂。中华文明博大精深、经久不衰，从先秦诸子的百家争鸣到唐诗宋词的独领风骚，为世人留下了无比珍贵的文化瑰宝。因此，在推进乡村治理的过程中，应把尊师孝亲、勤俭节约、务实奋进等中华优秀传统文化思想落实到现实生活中。再次，发动人民群众参与是根本。人民群众是推进基层治理的重要力量。实践证明，每一项德治的举措只有获得人民群众的支持和拥护，才能够顺利推行、取得成效。因此，基层治理的具体工作要善于听取各方意见，尤其是人民群众的意见。最后，强化制度安排是保障。定型的制度是基层治理的重要保障，因此，要找准基层治理的痛点"下药"，针对基层治理的难点"立规矩"。建章立制只有有的放矢，才能确保每一项制度都"一针见血"，基层治理的各项措施才能落地生根。

坚持和完善中国特色社会主义制度、推进国家治理体系和治理能力现代化，是一项重大的系统工程，需要全党全社会共同努力。实施乡村振兴战略，要时刻牢记乡村振兴战略的总目标，紧紧把握农业农村优先发展的总方针，严格落实乡村振兴的总要求，建立健全城乡融合发展体制机制和政策体系，努力实现乡村充分发展、乡村治理有序。实施乡村振兴战略，必须深入理解乡村振兴战略 20 字总要求，把落实农业农村优先发展的要求，作为做好"三农"工作的头等大事。发展农村集体经济，需要不断坚持和完善农村经济制度，发展农村合作经济组织，奋力实现新时代农村经济高质量发展，促进城乡融合发展。大力发展乡村教育，促进完善城乡公共文化服务体系，优化乡村文化教育资源配置，涵养新时代乡风文明，夯实基层治理现代化的文化根基，奋力写好"三农"新篇章。

第三章 旅游与乡村建设融合的比较分析

由于自然条件、文化传统、经济发展水平等各方面存在差异，不同的地区在旅游业发展与乡村建设风格上不尽相同，旅游与乡村建设融合发展方式也因此各具特色。本章基于国内外旅游与乡村建设融合发展的特点总结，对未来的乡村建设、旅游业发展及两者融合发展的趋势进行分析。

第一节 国外旅游与乡村建设融合发展特点

欧美发达国家最先进入机器大生产时代，首先产生了规模化的乡村旅游需求，因此其乡村旅游业发展得较早，较为成熟。近年来，亚洲旅游业快速发展，乡村旅游也在快速的城市化和工业化进程中蓬勃发展起来。大洋洲和非洲则由于地理位置和自然资源的特殊性，形成了自己独特的风格。

一、欧洲旅游与乡村建设融合发展状况

欧洲乡村旅游市场发展较为成熟，主要消费群体是城市中受过良好教育的中上阶层人士，期望在休闲时逃避城市生活的压力。他们对宁静的氛围、乡村生态、当地文化、遗产、美食和具有特色的住宿接待更有兴趣。欧洲根

据地理区划分为东欧、西欧、南欧、北欧、中欧五大区域，每个区域在旅游业与乡村建设发展方面各有特色。

（一）私营农场经济驱动型的北欧芬兰乡村旅游

芬兰南部的伊洛拉农场，因家族名字而命名，是芬兰最早经营乡村旅游的农场之一。伊洛拉农场经营乡村旅游已有 20 余年，占地 90 公顷，整个度假农场的主建筑是一座包括餐厅、咖啡屋、厨房、小商店和小邮局的二层木楼，还有可容纳 80~100 人的餐厅兼会议大厅，农场迄今仍按传统方式种植庄稼，饲养牛、羊、马、猪、鸡、兔等多种家畜家禽。

农场四季开放，许多家庭趁周末或节日到农场享受宁静的田园生活，不少恋人租用农场的老式马车到附近教堂举行婚礼，并在农场度蜜月。暑假期间，常有父母带着孩子到农场度假，一些学校也会在农场组织夏令营，孩子们给牛、羊、兔、鸡等家畜家禽喂食，乘坐马车出游，观看田间耕作，练习骑马和远足。农场内还设有遛马场，每年举办短期骑术培训班。

农场出产的都是生态食品，农场餐厅曾获得芬兰烹调协会颁发的"正宗芬兰饭菜"证书。这家餐厅既能准备芬兰传统农家饭，也能摆出供上百人享用的丰盛婚宴，其招牌菜包括芥末鲱鱼、熏鱼、自制肉丸和烤肉等。农场自制果汁，并自行采摘浆果制作甜食。

伊洛拉农场的游客来自英国、德国、俄罗斯和日本等许多国家，每年都会迎来很多回头客，60 个床位经常爆满。为了更好地经营乡村旅游，农场主参加了乡村旅游企业家培训，用英语、德语、俄语和汉语等多种语言制作了宣传册，还通过电台、报纸和旅游展览会进行宣传，生意做得红红火火。

芬兰有关部门进行的农村调查显示，乡村旅游业是芬兰农村发展最快并最具发展前景的项目之一。目前，芬兰全国约有 2 400 个农场从事乡村旅游，乡村旅游的内容也日益丰富。

（二）葡萄酒文化驱动型的东欧匈牙利乡村旅游

东欧匈牙利维拉尼地区以盛产葡萄酒而著名，普通的波尔科尼亚村将葡萄酒和乡村旅游结合起来发展经济，打造出世界闻名的"葡萄酒之路"特色乡村旅游线路。

波尔科尼亚村仅有 108 户人家、370 人，是一个希瓦布人（匈牙利境内的少数民族，属于日耳曼人的一支）的聚居村，村内的教堂、住宅与酒窖都是具有传统民俗特色的文物建筑，村民的房子依次建在村内仅有的一条公路两旁。村民几乎无就业机会，大多数有劳动能力的年轻人被迫前往 20 多千米外的城市佩齐打工并最终迁居市内。

根据村庄的现实条件，1994 年村主任贝克·莱奥诺拉女士组织附近地区 5 个乡村的村主任，成立了"维拉尼·希克洛什葡萄酒之路协会"，协会负责组织、协调并监督属于这条路线上所有地方的旅游业与葡萄酒市场营销方面的工作。东欧地区国家第一条"葡萄酒之路"就这样诞生了。

早在"葡萄酒之路"开辟之初，为了吸引观光游客，波尔科尼亚村创办了独特的"降灵节酒窖开放节"，到 2005 年已举办过 10 届。每年节日期间，不但有本地民间文艺和手工艺表演，还邀请国内外不少民间艺术团体前来村里演出助兴，并开放本村古老的酒窖迎接游客。游客们花费 1 000 福林（约 5 美元）购买一个葡萄酒杯，凭此酒杯即可进入 15 个酒窖品尝当地产的各种葡萄酒。客人找到自己喜爱的品种后，就可当场购买。现在，越来越多的游客从国内布达佩斯等大城市，甚至德国等地慕名前来波尔科尼亚村参加这个节日活动。

由于地理位置偏僻，波尔科尼亚村相对闭塞，但开放意识却非常强烈。在女村主任贝克的引导下，村庄为提高旅游方面的知名度不断加强国际联系。如村庄加入了有 10 多个欧洲国家的乡村参加的"欧洲文化村"活动，活动要求每个国家有一个乡村参加。波尔科尼亚村在活动中交流乡村旅游发展经验，并组织村民间的友好互访，成功承办了 2007 年度"欧洲文化村"，吸引了大

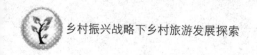

批欧洲游客。

如今，这条"葡萄酒之路"已形成了一定规模，串联起维拉尼葡萄酒产区的 11 个乡村和城市，维拉尼葡萄酒产区的乡村旅游业逐渐兴盛起来。

（三）自然风光驱动型的北欧瑞典乡村旅游

地处北欧的瑞典，全国陆地的一半以上被森林覆盖，境内湖泊星罗棋布，沿海岛屿比比皆是。优美的自然风光为瑞典发展乡村旅游创造了良好条件。在瑞典，国家规定职工带薪假期每年不得低于 5 周，而且倾向于将长假分成几个短的假期。度假方式的这种变化大大促进了乡村旅游业的发展，使乡村度假逐渐成为许多瑞典人旅游生活中的重要组成部分。

瑞典乡村旅游的最大特点是自有住宿设施的使用。目前，超过一半的瑞典家庭拥有被称为"第二住宅"的夏季住宅。这种别墅式房屋或建在乡间，或建在水边，人们在那里可以远离城市的喧嚣，充分领略大自然的风光。

富有瑞典民族特色的节日成为发展乡村旅游的重要资源。每年 4 月 30 日五朔节（也称烧火节）夜幕降临时，人们聚集在野外点起篝火，伴着乐曲引吭高歌；6 月 24 日的仲夏节，这一天昼长夜短，青年男女欢歌起舞、通宵达旦，庆祝光明和万物繁茂；12 月 13 日是露西亚女神节，传说露西亚女神在每年的这一天夜晚降临人间，给人们带来光明。夜幕降临时，在各地特别是乡村的小教堂，人们静静地等候由少女们扮演的露西亚女神露面，盼望她们带来幸福和光明。

瑞典政府重视发展乡村旅游业，仅在 2006 年就拨款 4 亿瑞典克朗（约合 5 200 万美元）作为旅游促销之用。政府通过分布于全国城乡的 500 多个旅游信息中心向旅游者提供信息，中心有专人回答游客的询问，还免费提供城乡导游图和关于旅游景点、文化娱乐、购物、交通和住宿等服务信息的小册子。

（四）贵族庄园驱动型的西欧英国乡村旅游

英国发展乡村旅游以贵族古堡、乡村庄园为主，使其乡村旅游带有浓厚的贵族浪漫气息。在英国，都市仅为一个聚会的场所，或者说是上流人士集中的总部。一年中，他们只在城里度过短暂时光，寻求一时消遣，并在匆匆纵情狂欢后，又回归惬意的乡村生活。英国保守党领袖鲍德温曾经说过，英国就是乡村，乡村就是英国，英国的贵族们乐得做个乡下人。

英国乡村豪华贵族庄园的流行在 18 世纪和 19 世纪时达到了巅峰，旧的地主家庭和新兴工业家纷纷在乡村建造自己的乡村庄园。尽管祖先遗留下来的巨额财富已经不复存在，但一些旧庄园主一直以来仍然居住在他们庞大的产业中。现在许多地方都对公众开放，其中一些由国民信托组织和英国古迹署管理。

丘吉尔庄园是英国最大的私人宅院，丘吉尔庄园的中心建筑是布莱尼姆宫（以此纪念布莱尼姆战役），由于面积庞大，参观游客须乘坐小火车游览庄园。丘吉尔庄园始建于 1705 年，当时安妮女王将牛津附近数百公顷的皇家猎场赐予了马尔伯罗一世公爵约翰·丘吉尔（温斯顿·丘吉尔的祖先），以表彰他在 1704 年 8 月击败法军的赫赫战绩。庄园以庞大的宫殿式建筑群布兰姆宫殿为轴心，四周围绕着花园、草场、湖泊，大雁时而悠闲地在湖畔的草坡上漫步，胜利纪念碑洁白的碑体光芒四射，纪念碑前的草坡上绵羊成群，远远望去像朵朵落在草坡上的棉花。这座充满田园气息的大庄园，号称比英国皇宫还美，不少英国人喜欢拿它跟欧洲最大的凡尔赛宫相比。

世界闻名的英国贵族庄园迎合了各国高端消费游客的需求，游客可以在风景如画的乡间感受英国贵族的瑰丽与奢华。

（五）农民利益驱动型的南欧西班牙乡村旅游发展

西班牙的乡村旅游依赖于良好的自然生态条件。西班牙的乡村旅游在 1986 年前后开始起步，1992 年以后快速发展，目前增长速度已经超过了海滨旅游，成为西班牙旅游中的重要组成部分之一。除国内游客外，一些来自欧洲其他国家的国际游客也开始逐步到西班牙的乡村享受与大自然亲密接触的乐趣。

西班牙发展乡村旅游，最初源于 20 世纪 90 年代农村部门为适应全球化的冲击，通过政府支持改造农村的基础设施。在这个过程中，农业部门做出了非常大的贡献。从 1992 年的 36 家乡村旅馆发展到后来的 7 000 多家，随之村民也逐渐认识到乡村旅游的价值在于让城里的人了解乡村，到乡村接触自然，享受一种不同于城市的另外一种生活方式。因此，西班牙乡村旅游所带来的间接收益明显，如通过开展乡村旅游，农民对城市、经济、政治、生活方式等的看法都会发生变化，农民思想的变化进而带来了社会的变化。

西班牙民间联合体——乡村旅游协会（ASETUR），保持着与政府的良好合作关系，在推进西班牙乡村旅游发展中起着非常重要的作用。它把很多业主自发地联合在一起，超过 60%的西班牙经营乡村旅游的业主加入了这个协会。该协会有一个内容非常丰富的网站，网站上有各个会员单位的介绍，游客可以直接在网站上进行预订。协会还把各个会员单位组织起来，通过预订中心、报纸广告和互联网等手段进行统一的营销推广。为保证乡村旅游的质量，协会还自行规定了一些标准，要求会员单位执行。

西班牙政府对乡村旅游的发展比较重视。在西班牙，每一个地区政府都有乡村旅游方面的立法，从立法上确立乡村旅游的地位；西班牙国家和地方政府还就乡村旅游制定了很多标准，其中有一些是必须执行的强制性标准，从而从标准上确保西班牙乡村旅游的质量。如对乡村旅馆，法律就规定必须是具有 50 年以上历史的老房子，而且最多提供 10~15 个房间（现在也有一些专门化的划分，如专门接待残疾人的旅馆），开业需要申请，经过政府审核合格，才发给开业许可证。不符合上述标准的将拿不到开业许可证。

政府还通过减免税收、补贴、低息投资贷款（有时仅为 1%）等，对乡村旅游给予特定的支持和帮助。贷款主要是用于改善乡村旅游的基础接待设施，有 10 年的长期贷款，也有在 2 年以后即开始还款的短期贷款。政府的补贴只用于修缮那些具有 50 年以上历史的老房子，帮助农民把它们改造成乡村旅馆。另外，政府也会在区域上对乡村旅游进行合理的规划，根据市场需求开展有关方面的建设，以免造成过度竞争。

西班牙政府还通过技术上的帮助或培训，来引导和促进乡村旅游的发展。在培训中教育当地的农民要懂得保护自身的文化，认识到保护农村自然环境和生态环境的重要性，如果因为发展乡村旅游，自身文化和农村环境被破坏了，那将是一件得不偿失的事情。乡村旅游业不能代替农业，否则就失去乡村旅游的本义。土耳其就有一个极端的例子，游客到当地吃的水果、蔬菜等都不是当地种植的，而是从外地购买的，结果使当地的乡村旅游逐渐走向衰落。另外，还要提高当地农民的觉悟和认识，干净、卫生、友好等对发展乡村旅游非常重要。当然，乡村的很多设施如果搞得非常现代化，如不用木材用钢材，不用地板用瓷砖等，原始的东西没有了，发展乡村旅游就不会有持久性。

二、美洲旅游与乡村建设融合发展状况

（一）地方人文景观驱动型的美国西部乡村旅游

美国西部的乡村旅游发展的经验是首先由政府部门牵头制定政策标准，由私有公司制订规划，强调地方政府部门、开发商、管理者和社区居民之间各环节的自然与和谐。在管理上，保证在开发过程中不破坏自然环境，在实现人与自然和谐的同时利用自然环境资源，彰显地方文化。这种以旅游宣传文化、以文化带动旅游发展的模式，将具有地方色彩的文化或具有文化价值的遗迹转化为可供休闲娱乐的人文景观。

典型例子之一是怀俄明州的做法。为了促进旅游业发展，怀俄明州工商委员会全力以赴促进旅游业的发展，紧紧依托著名景点黄石国家公园的旅游资源，在距离该公园约 161 千米的大平原贫困县乡村开发旅游资源。与当地政府合作，利用好莱坞牛仔电影颇受国内外观众青睐的心结，充分发展以牛仔文化为核心的旅游业，确立了怀俄明旅游资源中的"牛仔"形象。尽管当地旅游组织依旧宣传黄石国家公园景观的优美壮丽，但促销者同时把游客注

意力吸引到旷野外那些牛仔聚集的牧场及遍布全州的"广大的开阔地、质朴的自然以及河水溪流的地方"。直到 1998 年，该州旅游促销宣传中都以"牛仔品牌"为特色，牛仔表演具有强大的吸引力，具有传统风格的度假农场四处都是。除了突出西部牛仔的"真实感"和"神秘感"，促销者们还宣扬牛仔文化，为怀俄明州旅游业增添了一份文化色彩，因而来到怀俄明州的游客"看牛仔放牧是最司空见惯的了"。

牛仔文化与当地乡村旅游业的融合为游客旅游活动增添了颇具文化特色的内容，形成了以牛仔文化为特点的旅游资源。旅游业发展给当地带来了巨大收入，据统计，怀俄明州旅游业价值从 1951 年的 10 亿美元增加到 1978 年近 55.2 亿美元。旅游业成为怀俄明州三大产业之一，产值与批发零售贸易相当，超出农业产值 2 倍多。类似例子在美国西部地区较为普遍，为了树立良好的城镇形象，各地在美化环境、完善设施方面投入了大量财力物力。乡村地区对历史建筑、古迹遗址进行维护和修整，对富有当地特色的文化进行研究和发掘，不仅有效保护了历史文化遗产，使其成为吸引游客的重要资源，大大增加了环境对游客的吸引力，同时也改善了当地居民的生活条件和生活质量。

（二）宗教文化驱动型的北美加拿大乡村旅游

圣雅各布斯位于加拿大安大略省滑铁卢市以北 3 千米处，距多伦多 75 千米，人口约 1 400 人。圣雅各布斯以传统农业经济为主要特征，村民大多是旧派门诺派教徒，至今还保持着 19 世纪的生活习惯和宗教信仰。圣雅各布斯是当地著名的旅游胜地，每年接待游客几百万人。

圣雅各布斯旅游业兴起于 20 世纪 70 年代。经历 30 多年，这个村子承袭了良好的发展态势。不断有投资注入该村旅游业，旅游项目不断增加、旅游产品推陈出新。1975 年，Stone Crock 饭店开业，不久之后 Snider 面粉加工厂被重新开发，向游客展示传统面粉加工的工艺过程及相关工具，还出售艺术品、手工艺品，成为首批旅游项目。此后，圣雅各布斯的旅游业开始蒸蒸日上。

目前，圣雅各布斯村庄主道的两边汇聚了餐馆、剧院、精品店、礼品店、手工艺作坊、葡萄酒厂等 100 多处文化旅游景点，村里有多轮单座马车、老式蒸汽机车，南边有一个汇聚 600 多商贩摊位的全国最大的农贸集市，及 Outlet 服装购物中心、剧院，举办各种文化活动，每年都有几百万游客慕名而来。

由于圣雅各布斯很多店铺是"前店后厂"或者"下店上厂"，游客能近距离观看手工艺品的全部制造过程，增加了一种特殊的体验。例如，在一家扫帚作坊里，有年轻人操作老机器扎扫帚，随后出卖。又如一家布艺店的二楼便有妇女剪裁和缝制布艺作品，供游客观看、购买。这些片段是门诺派教徒们普通生活的一部分，并非专为游客而上演。开放的制造过程满足了游客对这一族群的好奇心，真实的场景为城市游客提供了别开生面的体验。

圣雅各布斯的各类产品相互区别，又互相补充。有优美的田园风光、特色建筑等人文景观，有马车、蒸汽机车供游人乘坐，有各种手工制造的生活用品如扫把、地毯、床单可供购买；住宿有多家简易小旅馆（如 Bed&Breakfast）、几家乡村旅馆和两个国际品牌酒店（Best Western Country Inn、Destination Inn&Suites），就餐可以去宾夕法尼亚特色菜等小餐馆，还有专售本地蔬果和绿色蔬菜的农贸集市，文化欣赏方面还有一个剧院、枫糖浆博物馆。每一类别的产品和设施为数不多，但却形成了一条完善的供应链，满足每年 150 万游客的吃、住、行、游、购、娱的需求，1989 年产生出 1 300 万加元的消费。从总体上看，这些成百上千的产品同时贴有"乡村"和"门诺派"的标签，形成了强烈的圣雅各布斯特色。

圣雅各布斯从一个走向没落的小村庄转变为每年吸引 1 000 多万游客的旅游小镇，很大程度上归功于开发商们在旅游产品上的创新精神。圣雅各布斯旅游区成为安大略省重要的文化吸引物和旅游目的地，很大程度上要得益于对本土文化的推崇。对本土文化的认同是圣雅各布斯社区安身立命的根本，也是其旅游资源的根本属性。与两个世纪前一样，门诺派居民们的住所还是使用煤油、蜡烛、木材，看不到任何电器。身上穿的是 19 世纪的服装，用马车来代步，仿佛生活在历史当中。这些习俗和信仰已经内化成当地人的价值观，才使独特的乡村文化代代相传。门诺派宗教信徒的朴素生活给"乡村田园"的美景涂上了浓厚的文化色彩。

（三）农庄牧场驱动型的南美阿根廷乡村旅游

阿根廷拥有大片的牧场、美丽的农庄，著名的潘帕斯大草原牛羊成群，风光旖旎，具有发展乡村旅游业得天独厚的自然条件。为了继续开发旅游业的潜力，保持该行业的高速增长，阿根廷政府从 2000 年开始，着手制订和推行乡村旅游业发展计划，在全国 20 个省、44 个城市举办巡回展览和专题研讨会议，并向从事乡村旅游的个人和团体提供优惠贷款和补贴，为全国的农牧业生产者提供乡村旅游知识培训。

20 世纪末 21 世纪初，阿根廷大力开发非传统旅游项目，推出了具有乡土气息的乡村旅游计划，并将它同促进农村经济和社会发展相结合，使之成为该国经济发展中的新亮点。阿根廷旅游部门推出的"马背上的阿根廷""南美土著部落""农庄生活""乡村手工制作""乡村美食"和"乡村节日之旅"等旅游项目内容丰富多彩、乡土气息浓厚，吸引了广大的国内外游客。

此外，还成立了阿根廷乡村旅游网，向所有农牧业生产者敞开大门，鼓励他们加盟。21 世纪初，由于阿根廷经济的连续衰退，加上国际市场农产品贸易竞争激烈，阿根廷的农业也处于行业危机之中，乡村旅游业的发展，为农牧业生产者提供了一个良好的发展契机。农业国务秘书处的资料表明，乡村旅游业不仅增加了农牧业生产者的收入，创造了新的就业机会，还大大推动了乡村产业的发展。

以阿根廷南部的圣克鲁斯省为例，从事乡村旅游的畜牧业主们的营业额已经超过了全省牛奶产量总收入的 10%，而牛奶生产是这个省最主要的农业收入来源。阿根廷农业国务秘书雷古纳卡认为，乡村旅游业带有家庭色彩，有利于环境保护，有利于带动地方经济的发展，具有广阔的发展前景。他说，当一个农牧业生产者向游客敞开自己家的大门，并与他们共享自己的生活方式的时候，阿根廷的文化价值重新获得升华，同时也使牧民们更加热爱生之养之的土地。

（四）生态旅游驱动型的南美巴西乡村旅游

巴西东北大西洋上的一座主要岛屿——费尔南多—迪诺罗尼亚，对于人与自然共处的问题相当重视，不仅本土人有这样的生态意识，其他飞往此地的游客也都被灌输了这样的思想。游客们需要登记下个人信息，且需在七日之内离开。此外，环保部门还要向每位游客征收 8 美元作为环保费用，对于居住超过限制天数的游客，环保费用也随之上涨。费尔南多—迪诺罗尼亚在环境保护的基础上，开展了以休闲和娱乐为主的生态旅游。在生态旅游开发中，政府限制入境人数，避免大兴土木等破坏自然环境的工程。除部分生态旅游区外，其余地区均保有本土性和完整性。随着生态旅游的开展，各地旅游者接踵而至，在迪诺罗尼亚，每天都有 400 名左右的游客慕名而来。110 个家庭式旅馆建成投入使用，高档酒店每日的收入高达 450 美元。居民活动的区域只占群岛的三分之一不到，剩下的地区全部保留原始面貌，为了对自然景观的进一步保护，政府还出台鼓励移民的政策。西方旅游者喜欢在海滨度假，古堡海滩针对时间和人数做了相应调整，分批进入且参观时间为 30 分钟，每批控制在 25 人以内，上午总共允许 100 人进入。

在发展生态旅游的同时，游客们也受到了精神上的洗礼。一些生态旅游组织倡导游客与自然和谐共处，促进当地的经济发展。凡是旅游回来的巴西游客，均对具有环保理念的生态旅游赞不绝口。

三、亚洲旅游与乡村建设融合发展状况

（一）民族美食驱动型的韩国乡村旅游

韩国在 20 世纪 60 年代以前还是一个以农业为主的国家，之后经济略有

起色，韩国开始向中等发达国家转型，大多数人口涌入城市，只留下不到10%的人口从事农林牧渔行业，而这样的人口布局恰恰为乡村旅游业的发展奠定了基础。在韩国经济蓬勃发展和城市化进程加快的同时，乡村旅游也逐渐展开。

韩国农林部、农村振兴厅、农协中央会等农业相关部门相继推出了"体验绿色农村""传统主题村落""民泊农庄"等对农村旅游开发有利的政策。韩国政府也明确了支持农村旅游开发的态度，为了保障农民的收入、尽快脱贫，对所开发的旅游项目提供了大量资金扶持，并且出台了一系列乡村旅游政策。

基于韩国乡村旅游的现状，农林部决定推出将生态环境、信息化、农业培训、旅游综合起来的高端农村旅游项目。为了适应新的旅游消费理念，满足广大游客的消费需求，韩国乡村旅游不断推陈出新、革故鼎新，向个性化、特色化方向发展，将乡村的独特山水和深厚的文化底蕴融合在一起，推出了海滩、小溪、瓜果、民俗、山泉等主题模式，结合当地特色风俗节日，例如"鱼子酱节""泡菜节"等让游客充分感受当地的文化；品尝当地的美食，参观韩国餐桌礼仪；双休日时让游客们进入农庄或农场感受采茶的乐趣，体验生活。

（二）乡村酒店驱动型的泰国乡村旅游

泰国充分发挥乡村旅游的综合带动效应，带领农民摆脱贫困，扶持农民开展旅游业，自己创业就业，积极利用旅游资源带动内需。乡村旅游发展在泰国国王的倡导下，将景观、旅游、文化和人才相结合，坚持"适度经济"的原则，朝着"绿色与幸福社会"的目标迈进。乡村旅游不仅以单纯的观光为主，还融合传统风情，提升乡村旅游的内涵，让外来游客置身其中，带来更高效的经济收入。

当前，临近海滨的乡村酒店以其特有的景观和优惠的价格，成了乡村旅游的重点开发项目和经济增长点。许多对旅游市场持乐观态度的本地居民，在泰国中南部华欣以南的广大海滨地区修建特色酒店，为喜爱热带海滨阳光的西方人、度蜜月的夫妇、厌倦了喧嚣来寻求宁静的城里人提供驻足之地。在这片净土上，游客们感受着明媚的阳光、遍布的奇花异果、悦耳的鸟叫虫鸣，重要的是，游客只需要支付非常优惠的价格，就可以享受到轻松愉快的假期。例如，一家名叫 MALAI-AS 的乡村酒店，总投资约合人民币大约为 500 万元，以其优惠的入住价格吸引了大量游客，因此，仅用不到十年的时间就赚回了成本。

随着乡村酒店的发展，村庄旅游业也渐渐有所起色，许多海边晒盐场、红树林滩涂拾贝等吸引了大量游客前来参观。最著名的有塔普斯干村的椰壳加工厂，游客在这里可以参观到椰子由刚采摘到被加工成成品发往各地的整个过程，其中，一些特殊的工序如：外壳剥离、内瓤剖取、打散碾压等操作性很强的步骤受到了游客们的夸赞。许多渔村抓住商机，都在自家开设银鱼作坊，通过向游客展示制作工艺、销售银鱼来赚取收入。男人们提供劳动力，出海捕鱼，而妇女的任务就是对海产品进行加工，加工过程大致分为四个阶段：通过大笊篱将小银鱼从作坊中捞出、清水浸洗、用开水焯、最后以在纱床上暴晒结束整个加工过程。全程操作较为简单、绿色环保、无异味、零添加。

（三）观光休闲驱动型的日本乡村旅游

日本的乡村旅游发展已近半个世纪，被称为"绿色旅游"，成为世界上很多国家发展乡村旅游的样本和典范。日本乡村旅游的份额已经占到旅游市场的一半以上，具体可分为两类：观光娱乐和休闲度假。

以观光娱乐为主的项目主要有时令果园、休闲农庄、花卉水果等农林牧为主的景观，这些景观大多分布在城郊和空旷偏远的地区，游客可以远离尘嚣，来到这一片乐土享受田园乐趣。其中，70%的时令果园主要分布在甲信越、关东等地，且 80%为私营，其余为"农协"共管。农场主和经营者们从实际出发，根据自身经济实力、实际情况、市场取向和技术能力对所经营的产品种类进行了选择。

日本乡村的休闲度假是将休闲旅游融入生态环境中去，为游客提供别具特色的度假体验。其中，休闲农场极具代表意义，将农业生产、消费和休闲旅游统一起来，一般以开展生产瓜果、蔬菜、茶蚕等农作物为主的综合多种自然资源的特色鲜明、专业性较强的农场为主。其次，还有较单一的、专业性很强的农业活动区，如草原区、花卉区、森林区、景观区、服务区、活动区等，不仅让游客利用假期充分体验生活，同时还增长了农业知识。

日本的乡村旅游起步较早，早在 1970 年日本政府就出台了扶持农业旅游的相关政策。乡村旅游有严格的条文规定，例如，就乡村振兴的基本问题，咨询委员会在"山村振兴和开发计划"中作出了明确表示："山村地区将长期承担保护日本自然生态环境的责任，为社会经济的发展做出贡献"。就算是独立经营的农家住宿也要遵循《酒店法》的规章制度。

四、大洋洲旅游与乡村建设融合发展状况

（一）多方参与驱动型的澳大利亚乡村旅游

澳大利亚具有得天独厚的自然风光，是典型的"畜牧业国家"，其农业资源丰富，地广人稀，城镇乡村遍布，交通发达，且随着家庭轿车的普及，澳大利亚也掀起了一股乡村游，许多人慕名前去，来往游客络绎不绝。

澳大利亚日渐成熟的乡村旅游离不开政府和旅游管理部门的支持还有广大民众的热情参与，如今，澳大利亚已列入世界上乡村旅游发达的国家之一。地方政府旅游管理部门向当地人民展示各种旅游信息，各种旅游团体和组织相继出现。

信息中心也利用互联网技术，以图像、声音的形式向当地人民展现旅游注意事项、景点信息、重大活动，例如"赶牛大行动"、安全事项和景区注意事项。

为了生态环境的可持续发展和旅游资源的保护，政府部门和许多乡村旅

游的经营者们都开始重视生态旅游资源的保护，通过广泛征求民意，制定颁布了相关的法律条文，加强执法力度，例如大堡礁绿岛公园的一枚贝壳都属于公物，游客不能随身带走，否则会被处以罚款。在法律和自我认识的双重规范下，澳大利亚的乡村旅游朝着可持续方向发展。

为保障乡村旅游可持续发展，社会各界纷纷为乡村旅游生态资源的保护献计献策，许多科研机构和知名大学开展游客调查、对市场进行分析辨认并开展专业的生态旅游培训组织，为乡村旅游提供了信息和人才支持。社会公益组织也纷纷云起，通过传媒等手段向社会各界广泛宣传，起到积极的推动作用。

（二）影视效应驱动型的新西兰乡村旅游

现实中的霍比特村与影片中描述的一样，是一片纯净迷人的世外桃源，坐落于北岛的一片名叫玛塔玛塔市的小村庄里，《指环王》电影也多次在这里选景拍摄。这里有延绵起伏的山峦、青翠欲滴的牧场、充满魔幻色彩的酒馆、古老神秘的峡湾、错落有致的湖泊等自然景观，还有充满欧洲浓郁风情的新西兰北岛的乡村小镇"夏尔国"。

专业人员在这里搭建电影的拍摄场景，让本来不为人知的霍比特村在荧幕上亮相，吸引了世界各地的人前来参观。每处旅游资源的设计都独具匠心，将影片中的剧情和生活场景与旅游活动项目紧密结合，例如：比尔博和巴根的家、派对树、可爱的地洞木屋等特色景点，霍比特村让游客们流连忘返，除特殊节假日和拍摄占用之外，霍比特村都聚集着各地游客。

在弗罗多的家乡夏尔可以看到翠绿的山坡、其间点缀着明镜般的湖泊、石头拱桥、林间小路等，游客们可以在小矮人的家——可爱的地洞木屋里过上美美一夜。

游客们如果感到疲累，可以在神秘的夏尔咖啡店稍作停留，喝上一杯甜丝丝的冰冻咖啡，除此之外，还可以享用一顿午餐或是晚餐，结束后会有专门的巴士在外等候，夏尔咖啡店以其神秘的气息和惬意的装饰成了旅行者们

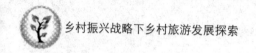

的必经之地。

新西兰的首都——惠灵顿，是主要港口、政治、商业中心，是沟通南北两座岛屿的重要桥梁，整个城市依山建筑，仅有一面临海，群山环绕，阳光充沛。位于惠灵顿地区的多塞炮台，场景布下的跃马旅店，是电影中的一个重要场景——巫师甘道夫和弗罗多会合的地点。

湛蓝见底的瓦卡蒂普湖依傍于奥塔哥西部的连绵山脉，在这里，有著名的皇后镇——精灵王国罗斯洛丽安森林的主要拍摄场景。在这里，弗罗多告别精灵女王，开始了他的孤独冒险旅程。来到皇后镇，快艇和高空弹跳等极限运动是必玩项目，而阿蒙汉顶点、白色山脉、迷雾山脉、布鲁南渡口和奥斯吉力亚斯山顶也是游客们的必经之地。

可以说，电影产业的发展在很大程度上促进了旅游业的进步，《指环王》和《霍比特人》问世以来，新西兰的游客人数上涨了 13%，其风光文化家喻户晓。

五、非洲"旅游+乡村建设"发展现状

随着非洲战乱的平息，非洲局势逐渐趋向稳定，大部分非洲国家开始寻求经济的可持续发展。结合非洲当地的自然资源与文化资源，选择发展旅游业成为许多非洲国家的首选。从现如今的效果来看，选择旅游业是正确的。从最初的游客比例以非洲大陆人占所有游客的 70%到如今的 30%，这个数值体现的不是非洲本土游客数量的减少，而是国际游客的迅速增加。虽然这一增长趋势在 2014 年埃博拉疫情暴发时迅速下跌，但在总体上非洲旅游业发展是积极的。与此同时，积极强劲的发展势头也要归功于非洲各国政府的强力支持。

近年来，非洲旅游业的发展也带动了新型"旅游业＋乡村建设"经营模式的产生，但有趣的是，这种经营模式的经营者只有小部分是非洲本土居民，这主要归结于非洲经济的发展水平还无法满足非洲个体经营。另一大半的经

营者分别为欧美个体、非政府组织（协会、机构）和以保护环境为己任的多边组织。虽然大部分的前期投资资金是从前文提及的多边组织和国际慈善机构获得，但值得一提的是，大部分旅游公司会选择将营利所得和所受捐赠的资金用在当地乡村建设上来，其中包括自然环境的保护，基础设施的完善。从某种程度上来说实现了"三支一扶"的建设。支持农业发展、支持乡村医疗建设、支持乡村基础教育建设、从而达到扶贫的效果。近几年，这种经营模式在非洲已逐渐普及起来，"旅游业＋乡村建设"的经营模式已被非洲旅游业和政府所认可。

（一）东非肯尼亚的野生动物园

众所周知，非洲大陆除了有成片的沙漠景观外还有丰富的热带雨林风光和大面积的草原。沙漠、草原、雨林多样的自然风光也为动植物提供了多样且舒适的栖息地，再加上自然保护区的成立，人为破坏的痕迹少，动植物在这里得以繁衍生息。据有效统计非洲动植物种类多达 4 万余种，其中还有大量的珍奇动物。在非洲大陆仅鸟类就有 400 多种，这还不包括雨林深处和沙漠腹地不为人所知的。因此"动植物王国"的名号，非洲当之无愧。

非洲国家也懂得抓住这一优势发展旅游业，其主要方法是成立自然保护区，建立野生动物园，让游客在不影响动物自然生态圈的前提下观赏自然，享受自然风光。同时给生物学家、动物观察员提供研究野生动物生活习性的场地。像东非的肯尼亚、坦桑尼亚等国家是该模式较优秀的代表。

自 1963 年 12 月 12 日肯尼亚独立以来，旅游业得到迅速发展。如今，肯尼亚被评为"举世闻名的非洲新兴旅游国家"，旅游业已成为肯尼亚国家发展的支柱产业，其外汇收入占全国比例仅次于农业出口。

拥有得天独厚的自然条件是肯尼亚发展旅游业的巨大优势。沿海的平原地带形成 400 多千米的海岸线，游客可尽情地欣赏印度洋的壮阔；除沿海平原外剩余的地势皆为高原，平均海拔在 1 500 米。世界奇观东非大裂谷将高原切开，一分为二。中部矗立着肯尼亚最高峰肯尼亚山，海拔 5 199 米；肯尼亚西部还有非洲第一大湖维多利亚湖。但是将自然风光与肯尼亚另一特色相比人们更加渴望后者，它就是肯尼亚的天然野生动物园。在肯尼亚，野生动物是受到政府出台的法令所保护的，野生动物园保护区为动物们提供了自由自在的不被人类影响的生存环境。丰富的动植物资源加上合理有效的保护，让肯尼亚野生动物园闻名世界。如此罕见的自然风光加上丰富的野生动植物资源，肯尼亚如何不令人向往。

不光是合理运用现有资源，肯尼亚在很多软服务上也是下足了功夫，在动物园中创新参观方式，游客可以选择徒步欣赏丛林景观，也可乘坐观光车观赏动物，更甚之可选择乘坐热气球从高处观察动物。在住宿方面，除了普通的酒店、民俗外，肯尼亚旅游企业推出了"树顶酒店"，顾名思义，是在树顶上的房子。住在"树顶酒店"可以欣赏到树顶上的森林风光，还可以观察到树下动物们的夜间生活，进一步地融入大自然，体验不一样的夜晚。这些奇思妙想的创造和它们的成功，都为其他国家处于发展中的旅游行业提供了学习经验，靠山吃山，通过当地特有的资源创造出独具特色的旅游行业。

（二）北非突尼斯的沙漠绿洲

近年来，撒哈拉沙漠国家开始利用沙漠开展旅游事业，抛开金字塔这类人文景观不说，单纯的欣赏沙漠景观的旅游开始走进人们的视野。走进撒哈拉大沙漠，你会发现，沙漠并不是你所想象的那样荒芜。在沙漠旅游，看到的必然是遍地的黄沙，但在撒哈拉沙漠，你就会有惊奇地发现，遍地黄沙中掺杂着星星点点的绿洲，这不是海市蜃楼，是真实存在的，有植被，水流和生命的绿洲。这是因为近年来突尼斯等撒哈拉沙漠国家对沙漠绿洲进行维护和治理的成效。绿洲治理的成效同时也为突尼斯等国家带来了旅游业的发展，两者循环互动，成就了今天的突尼斯。

突尼斯位于非洲北部，濒临地中海，是该航运的重要枢纽。这个国家分布着大大小小的古文明遗迹，旅游行走到每一处都会让游客有所收获。其遗迹的丰富程度也让许多考古学者和历史学家趋之若鹜。突尼斯是少见的沙漠、海洋、丛林、古文明等元素集一身的国家。自 1956 年 3 月法国承认突尼斯独立开始，突尼斯开始寻求发展，政通人和，百废待兴的时刻，突尼斯政府决定将旅游业纳入国家发展之计中。发展至今，取得了不可小觑的成就。旅游业的发展为突尼斯解决了大量劳动力的就业问题，共解决就业岗位多达 10 万个。城市中遍布星级酒店和政府修建的旅社，所提供的床位数量多达 8 000 个。其旅游业带来的外汇收入仅次于石油出口，位居第二。

随着周边国家旅游业的发展，突尼斯旅游总局决定谋求新的发展机遇，解决淡季旅游业缺口，于是提出了在冬季进行的沙漠绿洲旅游计划，并同时举行"撒哈拉联欢节"来吸引夏季避暑的游客，打响沙漠绿洲旅游的知名度。撒哈拉狂欢节每天都会举办不同的民俗活动和民俗节目，与之并生的还有沙漠市场。沙漠市场的创建类似于古代的驿站，顾客可以在这里挑选自己喜爱的纪念品和特产。

撒哈拉联欢节的每一个环节都充满了突尼斯当地的风土人情，列队行军的开幕式；带有民族韵味的传统舞蹈，身穿当地服饰的妇女儿童在人群中鼓舞游客一同参与；观赏当地独有骆驼比赛，大口咬下美味多汁的烤羊肉，玩累了与三两好友结伴在绿洲散步，欣赏沙漠的落日余晖，何尝不是一种幸福。

六、国外"旅游业+乡村建设"驱动发展模式的特点分析

（一）融合驱动发展与因地制宜

全球一共有 194 个国家，每个国家都有其独一无二的民族特色与人文风光。最初他们通过大自然的馈赠，孕育出自己所独有的文化并代代相传。到如今，它们将其独有的人文风光与自然环境相融合，开拓了旅游业新领域，同时促进了乡村建设的发展，走出了独具特色的融合驱动发展模式。他们的成功，为我国旅游业的改革创新提供了方向与经验。在此，本节收录了部分国外旅游业与乡村建设相结合，驱动创新发展的范例，见表 3-1。

表 3-1 国外旅游与乡村建设融合驱动发展方向

代表国家	融合驱动发展方向
芬兰	私营农场
匈牙利	葡萄酒文化
瑞典	自然风光
英国	贵族庄园
美国	人文景观
加拿大	宗教文化
韩国	民族美食
日本	观光休闲
肯尼亚	野生动物

（二）乡村旅游以提高农业资源附加值为主，"三农"地位不动摇

发展旅游业与乡村建设相结合的融合驱动模式必须以农村现有的农业资源为基础，乡村现有的农业资源包括自然风光、民风民俗、农庄牧场人文风光等。乡村旅游业是在此基础上对农业资源进行包装，提高其附加值从而吸引游客的一种旅游方式。在包装和赋予其附加值的过程中，并没有与农村、农业、农民三者相冲突的地方。就现有的外国乡村旅游业来参考，其开发只是对农业资源在休闲娱乐领域的功能进行提升，在一定程度上提高其经济价值。因为他们的改革方向大多是休闲度假村，所以没有以牺牲农田、农业生产和农业文化为代价。

（三）全面规划，有序发展

市场经济是法治经济，也应该是道德经济。一个企业想要做大做稳，必须要有法律来进行约束、要有行业准则来进行自我衡量。放在乡村旅游业上是一样的。通过准则和法律在企业经营、管理、基础设施建设和服务领域等方面进行约束，来确保乡村旅游业的顺利发展。在政府的管理领导方面，我

国可以向美国和加拿大学习，简政放权，给当地职能部门一定的空间，让它们结合本地的实际情况，因地制宜，建设出既有特色，又符合消费者口味的旅游产品。从而实现当地乡村旅游业的蓬勃发展。与此同时，职能部门也要尽到更多的职责，权力越大，责任也就越大。对现有的农业资源负责，不能为了迎合消费者的喜好而做出破坏农业资源的行为；对乡村的自然环境负责，不能为了寻求初期的利益而忽略对环境的保护；对村民和游客负责，加强对入驻企业的审查，规范消费市场，保障村民和游客的利益；对乡村未来的发展负责，科学规划土地资源，合理利用农业资源，制定完善的开发制度，全面规范，有序发展。

（四）提供就业岗位，改善民生问题，促进当地经济

如何吸引居民参与到乡村旅游建设中去，是当地政府在开发时面临的问题之一。想要居民参与，首先要政府部门的积极宣传，政府的宣传是敲门砖。待宣传使得居民对此有了足够的了解后，参与就变得容易起来了。例如日本乡村水上町一个被称为"农村公园与工匠之乡"的地方。传统产业与新兴产业并存，其民俗培育园吸引了日本各地手工艺者来此谋生，当地的居民也开始学习起手工艺制作。18 世纪 90 年代末到 19 世纪 20 年代初，每年来这里游玩的游客突破 40 万人，给当地居民与政府带来巨大的收益。

（五）多方关注，互助前行

在国外乡村旅游业发展成功的案例中不难发现，政府、非政府组织、乡村旅游企业三者缺一不可。政府提供法律保障和政策保障，乡村旅游的宏观管理、行业管理、市场规范和经营自律等；非政府组织对乡村旅游业的发展提供了坚实的保障和信息技术的支持；乡村旅游企业为乡村旅游带来了系统的营销知识，提供了形式多样的旅游产品，促进了乡村旅游业的成长。

第二节　国内旅游与乡村建设融合发展特点

我国地域辽阔，就国内旅游来看，可以划分为以下几个区域：东部、中部和西部地区。为了对国内旅游与乡村建设融合发展有一个较为全面的了解，有必要深入分析这些地区部分代表性省市的旅游产业的发展，兼顾乡村建设，实际情况客观评价，把这些地区的国内旅游与乡村建设的典型案例和取得的优秀经验总结出来，以便各地区相互借鉴，共同发展，促进国内旅游借助乡村的建设开辟一个新的前景。

一、东部地区旅游与乡村建设融合发展

中国东部地区主要指的是沿海发展带。相对比较来看是经济最发达的区域，特别是沿海的一些大城市人口密度大，城市建设快，经济发展相对好，新兴领域宽，吸引了大量的人才。这些省市由北向南涵盖辽宁、北京、天津、河北、山东、上海、江苏、浙江、福建、广东、广西、海南，以及港、澳特别行政区和中国台湾地区。沿海形成了几大非常有影响力的城市带。比如渤海湾城市群，东海湾城市群，南海湾城市群。沿海的港口城市还建设成年吞吐量亿吨的码头，促进国内国际贸易的发展，带动经济跨越发展。比如大连港、烟台港、连云港、宁波港、厦门港、广州港、香港、高雄港、三亚港等国际性港口。沈阳、青岛、上海等城市发展成为国际性大都市。

在东部沿海地区，集中了中国工业化的优质资源，展现了新的成果。其中与乡村建设的城镇化相结合，开辟了崭新的发展阶段。以上地区以改革开放为契机，把农业的发展进程不断推进，形成了由慢到快，再匀速发展的新格局。人们的认识也由传统农耕转移到生态农业上，并开发乡村体验式的生态旅游。虽然这使部分农民进入小康生活水平，但是也不能忽视地区差异造

成的不平衡性。不容忽视的是，普遍存在乡村的建设落后于城市发展的问题。乡村需要发展，最初乡村旅游于 20 世纪 80 年代中期开始在东部沿海发达地区发展起来，可以成为最初的"农家乐"旅游，是乡村旅游的雏形阶段。主要出现于大城市周边的近郊，形式以休闲游玩为主，没有统一的标准，特色也不明显。后期不断改进从而逐渐壮大起来。近几年，北京、上海、山东、海南等省市形成了配套比较成熟的乡村旅游体系。

　　东部地区旅游业的起步比较早，具有接待能力强的特点。东部地区旅游业的发展有着客观的有利条件。如雄伟的泰山景区，儒家文化传承的孔府，孔庙等独特的文化载体和景色优美的自然资源，都是旅游开发的有利条件。东部地区在 20 余年的旅游发展过程中，开发出了许多具有特色的旅游产品，吸引了国内外大量旅游群体，其旅游产品在国内旅游市场具有明显的竞争优势。该地区针对不同旅游者，开发不同的旅游产品。有观光、游学、培训、度假、医疗保健、商务旅游等旅游产品，满足了不同客户的需求。其中，文化底蕴深厚是东部地区旅游产业发展建设中的一大特色，乡村旅游的发展与深厚的文化底蕴密不可分，并以丰富多彩的形式恰当地表现丰富的文化内涵。东部地区旅游业经过多年发展已经形成成熟的旅游市场。

　　东部地区不但名胜古迹众多，名川大山，具有独特的地域文化，而且数不胜数的历史名人给我们留下了丰富的文化遗产。这些都成为很好的资源，是塑造品牌的重要手段。被誉为没有围墙的博物馆的文明古城——浙江绍兴，是一座具有 4 000 多年文化积淀和近 2 500 年建城历史的古城。绍兴名人辈出，如鲁迅故居、秋瑾故居、蔡元培故居、三味书屋、青藤书屋等，将历史名人的故事与城市发展历史有机地结合起来。同时，还以名人的故事为热点，把有关这些名人的书籍开发成为旅游产品，推向旅游市场，名人与文化相协调为促进东部旅游业的发展起到突出作用。还利用古镇依托传统书画文化使旅游与文化相得益彰。绍兴是独具特色的桥乡、名士之乡、酒乡，是汇集各种美誉的江南小城。通过深度挖掘其隐性的可开发资源，设计各种特色的旅游产品，吸引了大量国内外游客。如古越文化游，绍兴水乡风情游、古采石遗景游、山林生态游等，精心打造了别具一格的江南水乡。除此之外，还展现了水上社戏、古桥鉴水的越地风情特色体验游。东部地区的乡村旅游结合了当地独有的文化人文历史，走上一个新台阶。

东部地区的名山大川不乏驰名中外的名茶。茶文化是中国传统文化的一部分。东部地区的乡村旅游建设把茶文化引进到旅游中来，以茶文化为底蕴促进了当地乡村旅游的发展，使乡村旅游产品具有丰富性，特别吸引喜好中国茶叶的国外友人。在众多名茶之中，西湖龙井是人尽皆知。它出产于浙江杭州的西子湖畔，当地具有千年历史的龙井茶文化也延续至今。相约的游人，一边欣赏特色美景，一边品茶听琴，感受丰富的文化内涵。茶与文，文与道相得妙趣。各种与茶道相关的表演等，让游客体验反客为主的感受，使乡村旅游项目备受游客欢迎，使当地的旅游经济在文化搭台、名茶品味的发展中不断创新。

东部地区独特的民族文化传统与乡村旅游发展取得了很好的融合效果。各省市结合民族文化资源形成了各具特色的省（市）内旅游线路。如辽宁的东北雪乡游、东北的冬捕节，让游人感受东北的特色饮食文化，将热情与粗犷完美融合。东部地区结合当地乡村建设发展实际情况，开发了具有娱乐性和参与性的乡村旅游系列产品。娱乐性、参与性是旅游产品的特色标志，旅游者全身心地投入到旅游活动中，在娱乐和参与中，通过亲身体验活动的过程，使游客身心愉悦。不但感受到当地的特色文化，而且获得了难以忘却的旅游经历。如山东游蓬莱、登州水城、海上观望夫崖。除此还有极具体验性的出海渔猎活动，如打牡蛎、拾小海螺、抓螃蟹等；在娱乐的同时还可以向同渔民讨教养殖扇贝，螃蟹的技术，可谓收获颇丰。晚餐，将一天的收获在渔民指导下进行烹饪，品尝由自己捕捉的海鲜，体验了劳动的快乐；还可以参与打结缆绳扣，织补渔网等活动，了解渔家民俗风情等。东部地区的特色体验文化游蓬勃地发展起来，深受游客的欢迎。

东部的乡村旅游重点放在休闲游上。不仅城市有休闲游，乡村更具有开发休闲游的条件。东部地区在休闲旅游产品的开发中已有成功的探索，即杭州宋城集团。宋城集团开发建设的旅游休闲景区达 20 多万亩，占地 2 000 多亩的世界休闲博览园正在建设中，它是一个集旅游、休闲、度假、商务、居住于一体的全新休闲度假社区，由世界著名设计师设计，包含最顶尖的休闲度假村模式。宋城成为休闲游的典范，打造了"中国旅游休闲业第一品牌"，引领了中国休闲游的新的模式，推动了东部地区乡村建设和旅游项目的融合发展。

（一）北京市乡村旅游发展

北京市作为东部地区旅游与乡村建设融合发展的典范，是发展比较成功的案例，具有借鉴意义。2013 年的《北京市休闲农业与乡村旅游发展报告》对北京市乡村旅游发展进行了总结。报告中认为在国家政策的支持和指引下，北京市郊区县休闲农业与乡村旅游呈现出产业形态多样、项目质量逐步提高、资源利用趋于集约、集群发展的特点，而且开发模式呈现出不断创新的特征。

第一，产业形态日趋多样。最初的乡村游就是简单的农家生活体验游。比如"吃农家饭、住农家院、摘农家果"等。随着旅游模式的不断变化，游客的需求在发生着变化，旅游的模式也趋于适应游客的方向转变。具体来说就是向休闲农庄、休闲农业等多模式发展。休闲旅游的功能也日趋丰富起来。从总体来说，就是功能多样化、形态融合化、服务综合化。

第二，项目质量逐步提高。北京市周边的乡村建设项目，质量一直都在逐步提高，目的是满足现代乡村旅游的需求。一些大项目的落实启动，带动了北京周边旅游产业的发展，其综合效益大幅提升。国际性的集团项目在进行旅游项目建设时，融合国际流行，能够做到与时俱进，突破创新，带动周边的旅游经济上一个新台阶，达到新高度。如蓝调庄园、紫海香堤等一批农业创意项目，将文化与科技农业有机结合，让人耳目一新。

第三，资源利用趋于集约。由于北京地区土地资源相当有限，成本相对投资高。在这种情况下，北京地区的休闲农业项目不能粗犷型，需要朝精致化方向建设和发展，也就是所谓的集约型。北京乡村旅游的发展走精致化、特色化的道路，适合北京当地的实际情况，并取得了不错的成绩。

第四，集群发展被普遍认同。乡村旅游如果要找到适当的出路，必然要依靠区域分工、资源整合、产业合作、相互融合的道路。单靠一两家的成功是很难生存下去的，要形成一个产业链，才有生机无限。所以在北京地区，城郊农民意识到，旅游项目不可能依靠一个区域全涵盖，应该通过与周边的园区、相邻村庄等合作来实现。政府应从把握全局的角度，合理规划和建设来满足旅游的全面需求。北京地区关注到这一重要策略，通过资源整合和整体包装，将民俗旅游村、观光休闲农业园区与景区（点）等串联起来，满足游客多元化需求。形成特色明显、资源互补、利益联结紧密的集群式乡村旅游，取得了一些成效。

第五，开发模式不断创新、融合。北京地区的乡村旅游的发展，不是单纯通过传统的开发模式，而是结合当地乡村的一些基本情况，进行全盘布局，综合开发。从开发的主体上看，由原来的以农户经营为主，转向合作社，同时增加社会资本参与建设等。北京地区的乡村游通过发展乡村旅游合作社，提高了农户在资源开发、市场开拓等领域的发展能力。多元、联合的特点给北京乡村游的发展带来新的契机。

第六，建设空间布局日益合理。北京地区最初的乡村旅游，主要依附于某些著名的景区，如十三陵周边的采摘园、十渡景区周边的农家院等。随着乡土文化、农业文化本身魅力的挖掘，在一些没有著名景点的地区，也建设出了大量的乡村旅游、休闲农业项目。

北京的休闲农业与乡村旅游呈圈带状分布在城市周边，旅游产业的建设结合资源特色因地制宜。近郊平原区自然山水资源贫乏，以农业产业自身为载体，以特色农产品为主导，以观赏游览、体验农家乐作为主要方向，高科技农业观光园、农业主题公园、垂钓场、温泉度假村、生态餐厅，以及市民租契农园等项目得到了较快发展。远郊平原和丘陵地带农业资源非常丰富，民风古朴，以观光采摘园、休闲农庄、健康疗养、农村文化体验等为主。远郊山区则结合丰富的自然风光、长城遗迹等旅游资源，特色采摘、民俗旅游、森林度假等项目得到了发展。北京周边带状乡村旅游群根据地理位置的不同优势，集中最具特色的发展旅游经济，事实证明是行之有效的，促进了乡村特色的发展，带动了北京旅游业的发展。

北京市作为东部乡村旅游发展的典范，旅游和乡村建设融合发展取得了很好的成绩，获得了很多宝贵的经验。其融合的过程中，体现出乡村景观化、形态多样化、项目创新化、投资多元化、营销信息化等特征。北京的乡村旅游建设和发展坚持以需求为导向，以创新为动力，以发展为基础，以特色为手段，以改善并提高农民生活水平为基本点。

（二）上海市乡村旅游发展

上海是世界六大城市之一，具有很高的国际声誉。位于长江入海口的上海市位置得天独厚。上海港吞吐量居于世界第一，就像一颗明珠镶嵌在蜿蜒的玉带之上。因此，上海发展乡村旅游的重点放在休闲农业与乡村旅游的协调发展上来。城市的郊区地带主要分布在上海的 10 余个区县。1991 年上海市的乡村旅游刚开始起步，到 2002 年，建设成 72 个观光休闲农业景区（点），郊区的"农家乐"旅游为主打品牌，发展迅猛。从 2005 年起到 2008 年，上海郊区已经建成农业旅游景点 30 多处，共有 7 条农业旅游线路建成并投入使用。在上海乡村旅游发展同时，传统农业向生态休闲功能转变，乡村建设和旅游发展开始融合，形成了观光农业园区、观光农业基地和观光农业镇等多种业态。

上海市乡村旅游的发展，给本地农民创造了就业机会，增加了农民收入，带来了经济效益。此外，乡村旅游使农业资源得到深度开发，调整和优化了农业结构；扩大了农副产品的销售市场，带动了相关产业的发展；实现了农业和旅游业的结合，两者间实现了优势互补。

上海市乡村旅游发展，给当地带来了很好的社会效益。通过旅游基础设施的配套建设，改善了农村生活设施条件，提高了农民的生活质量；保护和改善了农业生态环境，美化了农村的人居环境；增强了城乡间的交流互动，提高了农民现代社会意识；通过培训和接待服务，使农民摒弃不良习惯，形成了文明的乡风，推进了农村精神文明建设；通过激发农民的民主、法制和政治意识，推进了农村政治文明进程。总之，上海市通过发展乡村旅游，加快了农村社会建设。

上海市在乡村旅游发展过程中，不仅保护和发展了当地传统文化，还促进了不同文化的交流，实现了文化的多元化。发展乡村旅游对上海城郊农村来说，为城乡一体化创造了有利条件；对农业来说，促进了农业产业结构调整，拓宽了农业生产的内涵和外延，发挥了农业在生态保障、观光休闲、文化传承方面的特殊功能，促进了与国际接轨的科技农业；对农民来说，更新了观念，扩大了就业，增加了收入。总之，在大环境下实现了多元融合。

由于上海是直辖市，这使它具有特殊性。在上海建设社会主义新农村的概念已经转变为建设社会主义新郊区。因此，乡村旅游的概念在上海地区实际上指的是郊区乡村旅游。发展郊区乡村旅游，是推动上海新郊区建设的一个重要举措和重要动力。在政府重视，政策扶植，招商环境优，这些有利条件都让上海郊区乡村旅游的发展前途非常光明。给上海发展郊区旅游，增加农民收入，提高区域竞争力开创一个新途径。

（三）山东省乡村旅游发展

山东省乃古时的鲁地，是儒家思想的发源地，有着悠久的历史文化，民风淳朴儒雅。山东省深厚的传统文化与几千年的传统农耕生活是密不可分的。广大农村居民的生产生活，都为乡村深厚的文化起了积淀作用，为当地乡村旅游的发展打下了坚实的生活基础。山东省作为一个农业大省，在农业上也有着丰富的资源。山东省优质的农产品输出到全国各地，甚至远销到国外，并呈现逐年递增的明显趋势。省内各种丰富多样的地貌，孕育了丰富的物产资源。如烟台苹果、胶东大白菜、胶东海鲜、莱阳梨、肥城桃等名优经济作物的种植养殖历史悠久，在国内外驰名已久。另外，山东作为我国最主要的农业大省，将科技引入农业、创造性地采取集约化结合产业化的生产模式。

形成现代化大规模种养殖基地，主要的亮点在于村村有特色，乡乡有产业，镇镇有供销，网络实体相结合。与此同时，有着得天独厚的农耕文化为底蕴，有着勤劳淳朴的山东人，再加上政府的扶持，发展特色乡村旅游是有着坚实的基础的。

早在 20 世纪 80 年代，乡村旅游发展的巨大潜力就显现出来，山东旅游局对此非常重视。经过不断地更新发展，到目前已经具有一定规模。与此同时，围绕发展社会主义新农村建设，围绕增加农民收入，改善农民的生活条件，促进农村经济发展，山东省政府大力推进乡村旅游发展。乡村旅游发展带来的积极效应激发了广大农村、农民和企业发展乡村旅游的积极性。农民组建区域联合，特色联合，供销联合，本地企业家纷纷投身到乡村旅游发展中，很多新的旅游形式被开发出来。乡村旅游的快速发展带动了整个乡村的建设。山东省的乡村旅游建设快速地发展起来。

（四）海南省乡村旅游发展

海南省最近几年不断招商引资，以当地的生态环境为依托，大力发展特色旅游，形成了以服务东北人固定客户群的乡村旅游平台。特别是冬季，大量东北人携家带口常住海南，躲避东北的严寒。这季节性流动的大军带来了海南旅游业的繁荣，经济的增长。政府也大力发展文明生态村的建设，成为海南省发展乡村旅游的政策基础，使文明生态旅游成了最具特色的典范。自 2000 年起，文明生态旅游开始起步，全省陆续建有文明生态村 12 000 个，50% 自然村都被建设成了文明生态村。海南的生态文明游发展过快的同时，也暴露出一些问题需要改进。如有的盲目机械性地照搬硬套，缺乏特色地千篇一律；有的名不副实，没有真正形成乡村的生态农业，还存在破坏当地地形地貌的不可取之处；有的缺乏管理，比较混乱，让消费者失去了信任。即使存在诸多亟待改进的问题，应当肯定的是海南的文明生态村建设，在凝思求变中确实发展了海南的经济，带动了乡村的配套建设，使乡村的面貌发生很大的改变，农户的生活条件也大大提高了。乡村旅游同文明生态村的有机结合，融合发展，成为海南乡村旅游的新亮点。

二、中部地区旅游与乡村建设融合发展

中部地区包括山西、安徽、江西、河南、湖北、湖南六省份，地处中国内陆腹地，位于长江和黄河中游地段，起着承东启西、接南进北、吸引四面、辐射八方的作用，全区土地总面积为 87.07 万平方千米，占全国的 9.1%。总人口 3.61 亿人，占全国人口的 28%，其中农村人口占全国人口近 1/3。

中部地区坚持"三个基地、一个枢纽"建设，即粮食生产基地、能源原材料基地、现代装备制造及高新技术产业基地和综合交通运输枢纽；加强以武汉城市圈、长株潭城市群、环鄱阳湖城市群、江淮城市群、中原城市群等为核心的重点区域开发，实现重点区域率先崛起，进而带动整个中部崛起。该地区旅游资源十分丰富，交通区位优势突出，经济基础也较雄厚，具有很大的发展潜力，为将旅游业培育成为该地区第三产业的支柱产业奠定了良好的基础。

中部地区的旅游资源开发潜力巨大。从全国旅游资源大分区来看，中部地区地跨中原古文化旅游资源区、华东园林山水旅游资源区和华中名山峡谷旅游资源区的结合部，是一个集山水自然景观、宗教朝圣景观，以及中原古文化人文景观于一体的旅游资源荟萃之地。旅游资源在全国占有突出地位，列入王牌旅游景点和黄金旅游热线项目数量均在全国前列。该区中低山地、丘陵覆盖面积大，特别是皖南、赣南、湘西、鄂西及大别山地区是国家级、省级森林公园和自然保护区分布的主要地区，具备发展以回归自然为主题的生态旅游、探险旅游、休闲度假旅游和乡村旅游的良好基础。在国家中部崛起规划的政策背景下，随着环境保护、可持续发展、低碳生态经济等理念和政策的提出与应用，中部地区的乡村旅游迎来了大发展的良好契机。

由于乡村旅游与其他形式的旅游有一些明显的区别，中部地区的乡村旅游的开发和利用结合其自身的特点，有针对性地把旅游和乡村建设看作一个

整体，结合起来融合发展，其特点可以总结为以下四个方面。

第一，东部地区的乡村旅游发展结合当地乡村旅游发展面临的实际问题，借鉴了发达国家的成功经验，对症下药，使乡村旅游呈现出新的发展态势。首先，把发展乡村旅游纳入解决农村问题，推动农村持续全面进步的战略范畴，从政策层面进行有效推动。其次，突出强调保持乡村自然人文环境的原真性。乡村旅游与其说是在乡村空间里旅行，还不如说是在乡村概念中旅行。乡村魅力对于都市人群来说，或许并不是换一种"地方"，而是换一种体现"价值"，这一点在中部的乡村旅游发展中得到了充分体现。中部地区参考法国、日本等一些旅游发达国家，在进行乡村旅游资源开发和规划时，非常重视在原有的一些遗址上进行复原和整修，尽可能保持其传统、旧式、古董、原貌的民俗景点或博物馆，使之成为乡土式的综合博物馆。最后，中部地区的乡村旅游客源从区域性向跨区域、国际化方向转化。乡村旅游在起步阶段，一般以近郊旅游为主，客源为附近城市居民，区域很狭窄。随着乡村旅游产业规模的扩大，主要的乡村旅游目的地日益注重品牌建设，加大了宣传促销的力度，客源构成趋向多元，一些知名的乡村旅游目的地吸引了中远程的国内游客及境外旅游客源。乡村旅游的国际化随着全球化进程的加快而加快。中部地区很多省市在乡村旅游的发展中，融合了国际化发展和建设思路，取得了一定的成效。

第二，中部乡村旅游结合生态旅游，走可持续发展道路。乡村旅游是在返璞归真、亲近泥土的市场需求下兴起和发展起来的，强调的是乡土味、自然味和原生态，本质是生态旅游。中部地区在发展乡村旅游的过程中，旅游管理部门重视防止标准化、商业化和城市化对"乡村性"的侵蚀。地方政府加强管理和引导，在建筑风格改造、公共厕所、停车场、垃圾处理、清洁能源等方面都严格控制，保持乡村气息，把公共设施设计成与乡村性和谐的形式，如"麦秸垛"式的停车场、豆栅瓜架下的餐厅、拱顶绿坡式的垃圾场。为防止乡土文化的丧失，政府机构积极参与，对旅游环境意识进行有效的宣传，培养接待地乡村居民对当地社会和地方文化的自尊、自爱和自豪感，让乡村居民明白：农耕文化从社会发展阶段来说是落后的，但"人与自然和谐共存"的生活方式是人类共同向往的生存状态和生活时尚。

第三，中部的乡村旅游重在发展新型旅游项目，增强旅游体验性，开发高质量高层次的乡村旅游产品。中部地区在乡村旅游项目开发中通过丰富、生动的体验项目来满足游客的个性化旅游需求，如笨猪赛跑、野鸭放飞、松鼠散果等动物表演，以及田间放羊、放鸭，果园采摘，烧柴做饭，农家喂猪等特色农家劳作。同时，设计一些能使游客沉浸其中的深度体验项目，如推出"当一天农民""做一回渔夫"等旅游项目，让游客最大限度与当地居民接触，了解与自己完全不同的生存方式。另外，中部的乡村旅游还通过开发高质量的乡村旅游产品来适应市场，带动、引导市场需求向高层次发展。例如，在平安村、镇山村、周庄等乡村旅游目的地都表现出了"阳朔现象"的苗头。同时，中部地区在现代科技农业观光产品中，通过加强科普教育，使游客在旅游休闲的同时获得现代农业科技知识；通过开辟生态农业区，为游客提供参与活动的充分空间，培养扶植生态农业接待户，以旅游经济的拓展来保证生态农业发展；在文化旅游资源丰富的老少边贫地区，通过加强开发区的文化含量，增加度假型、参与型旅游产品的开发，适应国际市场日益扩大的需求。

第四，中部地区在乡村旅游发展中通过强调"人"的因素，不断建设系统全面的服务人员培训体系，提高服务质量和水平。相关部门通过规范调整，强化旅游服务意识，提高当地乡村旅游接待的整体水平。通过认真挖掘和总结地方民俗文化和风土人情，加强对本土民俗文化和风土人情的培训，突出服务的"特色"。使乡村旅游与当地民俗风情和乡土文化实现有机结合，让中部乡村旅游文化品位和服务档次得以提高。

总之，在国家中部崛起规划的政策背景下，中部地区特别是安徽、河南等的乡村旅游走与生态旅游、文化旅游相结合的可持续发展道路，营造了良好的生态环境，同时强调挖掘民族文化中丰富的内涵，开发出了具有中国特色的乡村旅游项目，乡村旅游与乡村建设在融合中不断发展。

（一）安徽省乡村旅游发展

安徽省旅游资源十分丰富，其中 60%以上在农村，80%的游客都是到安徽省参加乡村旅游项目。安徽省有世界自然和文化双遗产的黄山、佛家胜地九华山、革命老区大别山，中国四大淡水湖之一巢湖等风光秀美的山水旅游资源；有明清古村落宏村和西递、农村改革发源地小岗村等著名历史文化村镇；有砀山梨园、长丰草莓园、大圩乡十里渔场等乡村田园风光，迪沟生态园、合肥大圩都市农业园等现代农业风貌；有当涂民歌、巢湖民歌、花鼓灯等民间音乐舞蹈，徽剧、庐剧、黄梅戏等传统戏剧，徽州三雕以及宣纸、徽墨等民间工艺。安徽省的乡村旅游充满了自然和历史的魅力，是整个中部地区乡村旅游发展的重要省份。

早在 20 世纪 90 年代，安徽省就在全国率先开展了"旅游开发扶贫"工作，涌现出黄山翡翠新村、颍上八里河等一大批"旅游富民"典型。经过多年发展，安徽省乡村旅游逐步形成了景区依托型、都市依托型、交通枢纽型三大发展模式。从发展情况来看，皖南地区青山绿水、古迹众多，当地农民逐渐从"靠山吃山"转为"念好旅游经"，是景区依托型的代表；合肥周边的大圩、长丰、肥西等地依托"省会经济圈"的天然优势，打响草莓节、桃花节、葡萄节等乡村旅游品牌，是都市依托型的代表；合铜黄、合淮阜、沿江高速公路的沿途农户依托交通优势，兴办"农家乐"，是交通枢纽型的代表。目前，安徽全省已有"农家乐"旅游点 347 家，优秀旅游乡镇 201 个。仅 2009 年上半年，全省乡村旅游接待游客就达 1 646.7 万人次，乡村旅游收入 50.97 亿元，乡村旅游新增吸纳就业 83 320 人。从 2008 年起，全省开始推进乡村旅游"525"工程，即建设 50 个旅游强县、200 个优秀旅游乡镇和 500 个特色乡村，促进乡村旅游的快速发展。

（二）河南省乡村旅游发展

河南省是我国的农业大省，也是我国农村人口最多的省份之一，全省共有近 5 万个村庄，乡村旅游资源十分丰富，是中部地区乡村旅游发展较好的省份之一。该省乡村旅游资源与产品类型较丰富，其中发展比较好的类型主要有两种：一是乡村自然风光型，即乡村自然资源优势突出的地方，如洛阳栾川、济源、焦作、新乡等地；二是现代新农村型，即农村现代化建设比较好的地方，如"红色乡村"临颍县南街村、新乡市凤泉区耿庄村等。从地理分布上看，河南省乡村旅游景点主要分布在三个区位：一是都市郊区，如省会郑州市环翠谷、洛阳市南村、新乡市凤泉区等；二是风景名胜区的周边。如"中国农家宾馆第一村"的重渡沟、养子沟度假山庄七星园；三是边远贫困地区，如平顶山鲁山县四棵树乡张沟村、安阳的滑县等。在三个区位中景点分布最多的地方是城市郊区，如郑州、洛阳、新乡等大中城市的郊区。

河南省地处北亚热带和暖温带，地形大致分为山地、丘陵、平原（含盆地）三大类型，拥有丰富的农业资源和多姿多彩的民俗风情。复杂的地形条件、明显的过渡性气候，黄河、淮河、海河、长江四大江河水系的滋养，使全省形成了各具特色的农业生态类型及景观区域组合。动植物资源丰富多样，盛产苹果、梨、桃、枣、葡萄、樱桃等多种温带水果和各种蔬菜及花卉，形成了各种生产示范基地。结合这一特点，河南大力发展庄园式乡村旅游，并把互动式休闲农业活动融合到了乡村旅游项目中。河南农业文化不仅地域特色明显，风格迥异，而且乡土气息浓厚，民俗风情多姿多彩，对城市游客有着强烈的吸引力。

河南省乡村旅游发展的陆空交通便利，区位优势明显，给乡村旅游提供了重要的物质基础条件。河南省位于中国中东部，连南贯北、承东启西，是中国内陆交通运输的重要枢纽。铁路、公路、航空等交通条件一应俱全，四通八达的公共交通加上城市居民私家车的普及，为乡村旅游的发展奠定了坚实的物质基础条件和广阔的市场空间。

河南省在发展乡村旅游的过程中，摸索出乡村旅游与新农村互动发展模式，其发展趋势是主题化、休闲化、人文化和科技化。主题化，鲜明的主题有助于形成比较突出的市场形象；休闲化，居民日益增长的休闲需求推动观光农业休闲化发展；人文化，体现地域文化内涵、民族历史性、艺术品位；科技化，运用现代科技手段创造千姿百态的观光农业产品。

（三）湖北省乡村旅游发展

湖北省乡村旅游发展迅速，已成为湖北旅游热点，并伴随着乡村旅游需求的日益升温，全省主要乡村旅游景区景点已基本形成了食、住、行、游、购、娱为一体的产业综合发展体系。同时，在农村环境整治和基础设施完善的过程中，乡村旅游接待水平也有很大提高，乡村旅游在产品类型和产品层次上也有了纵深发展，从过去单一的观光游览和餐饮娱乐产品形式，向观光度假、民俗宗教、购物娱乐、绿色生态、文化科教等多功能融于一体的产品格局发展。随着湖北省社会主义新农村工作的不断推进，湖北省乡村旅游环境得到了优化，各项配套服务设施也逐步得到了完善，各地政府通过主动发挥旅游产业优势，努力与社会主义新农村建设相结合，做到了旅游产业与乡村建设融合发展。

（四）湖南省乡村旅游发展

湖南省生态旅游资源丰富，人文历史悠久，文化产业发达。省内多山，地势南高北低，山地和丘陵占全省总面积的2/3。湘西少数民族众多，拥有世界自然遗产区张家界，以及五岳之一的南岳衡山，自然景观众多，人文景观林立。由于历史原因，湘西众多的苗族和土家族村寨得以保留，形成了独特的原生态少数民族文化景观。在这些民族村寨中，处于原生状态的文化遗产与乡村自然环境相辅相成，对游客充满着神秘的吸引力。在长株潭工业化、城市化程度较高的地区，有沉淀深厚的湖湘文化传统，广大的乡村地区有众多历史人文景观，面向城市居民的休闲、度假型旅游有很大的潜在市场。

湖南的乡村旅游大致可以分为三种模式，即依托城市的城郊型农家乐模式、依托大型景区的乡村观光与体验型模式和依托特色村寨及其群落的乡村深度体验型模式。依托城市的城郊型农家乐模式定位于为城市居民提供休闲的"后花园"，如益阳市开发的"竹乡农家乐""湖乡农家乐""渔乡农家乐""樵乡农家乐"等农家乐旅游产品系列。在竹乡农家乐旅游产品中，突出"做客竹乡农家，亲近美好自然"的主题，吃的是竹宴，用的是竹家具，观的是竹海，购的是竹制品。这类模式一般为周末一日游或二日游，具有群体比较固定、重游率高、市场营销周期短等特点。

依托大型景区的乡村观光与体验型模式主要是依托成熟景区的知名度设计乡村文化旅游项目，让游客在观赏知名景区的同时体验具有浓郁特色的地方乡村风情，如湖南的德夯风景区的德夯村和凤凰、张家界风景名胜区。德夯壮美的自然景色、恬静的田园风光、独特的苗族民俗文化和农耕文化与张家界世界自然遗产形成优势各异的旅游资源富集区。

城市居民热衷于"乡情"和"乡念"体验催生了依托特色村寨及其群落的乡村深度体验型模式。湖南省境内有很多本土文化保存完好、周围环境宜人的村寨及村寨群落，为湖南省发展体验式乡村旅游提供了很好的条件。如岳阳市的张谷英村、永顺县的王村古镇（又名芙蓉镇），这些地方通过保护性利用和开发，使历史文化资源和乡村旅游很好地融合在了一起。这种类型的旅游开发建设依托民族文化、地方历史文化的深厚积淀，一方面可以吸引探秘、求知欲强的城市居民参与，另一方面可以开展境外游客的乡村深度体验旅游，市场潜力巨大。湖南省为保护村寨及其群落的文化遗产免遭破坏，依托乡村旅游的文化资源、环境资源，根据个性化的消费需求开发不同消费层次的旅游产品，同时严格遵循保护优先的原则，制定了相应的规划和设计标准。

三、西部地区旅游与乡村建设融合发展

西部地区包括重庆、四川、贵州、云南、广西、陕西、甘肃、青海、宁夏、西藏、新疆、内蒙古 12 个省、自治区和直辖市，国土面积 538 万平方千米，占全国国土面积的 56%；目前有人口约 2.87 亿人，占全国人口的 22.99%，

是我国少数民族聚集的地区。西部地区疆域辽阔，经济落后，环境污染小，加之地形以山地、高原、丘陵为主，宜林（草）地广阔，林海莽莽，山石奇特，水草秀美，蓝天白云，旅游资源十分丰富。从沙漠绿洲农业到草原牧业，从平原种植到山区立体农业，从池塘、水库养殖到特色种植，一应俱全，可以满足发展形势和内容多样的乡村旅游产业。此外，西部地区还是少数民族聚居区，多姿多彩的民间传说、民间工艺、居住文化、服饰文化、婚嫁习俗、祭祀文化、耕作文化等都具有潜在的旅游价值，对希望了解中国传统文化的境外游客具有巨大的吸引力。西部地区大气、水土相对洁净，农产品多为无污染的绿色食品，在旅游与乡村建设的融合过程中，以农业为依托发展旅游，利用农舍、田园、果园加以美化修饰，使乡村旅游资源开发成本相对较低，成为西部地区乡村旅游开发的经济优势。

西部地区是经济欠发达地区，全国尚未实现温饱的贫困人口大部分分布于该地区，农村贫困人口高达 1.64 亿人，占全国农村贫困人口的 48.18%，贫困县 366 个，占全国贫困县的 61.8%，是需要加强开发的地区。发展乡村旅游作为西部地区实现农村繁荣、农业发展、农民增收的西部大开发重要目标的主要手段，成为西部农村经济发展新思路和西部农村经济结构调整的新途径。西部地区有丰富的乡村旅游资源，乡村旅游的发展无疑会为西部经济的发展提供新的亮点。西部乡村许多村寨本身就是一座座人文生态博物馆，具有很大的旅游开发价值，但旅游开发很有可能破坏原有的人文生态，从而失去民族民间文化的独特个性。鉴于此，西部乡村旅游开发应坚持既要进行充分的开发利用，又要保护好人文生态的保护性开发的基本原则。

总的来说，与其他地区相比，西部地区区位条件和旅游资源开发价值参差不齐，旅游基础设施建设也比较滞后，乡村旅游发展形成了明显的西部特点，其中四川和广西较为典型。

（一）四川省乡村旅游发展

四川省是我国的农业大省，以占全国 4.8% 的耕地满足了占全国 6.7% 的人口的食品需求。由于拥有良好的生态及旅游资源优势，随着城乡统筹建设的深入推进，乡村旅游产业的发展尤为迅速，形成了良好的以乡村旅馆、特色餐馆、观光农园、民族风情体验、乡村度假酒店、生态农业古村古镇为主的乡村旅游业态，在发展乡村旅游方面前景广阔。20世纪80年代初，成都市开始发展农家乐旅游，成为中国较早开发乡村旅游的地方。四川的农家乐主要分布在大中城市郊区，广泛分布全省，就整体而言，四川农家乐为游客充分展示了川西坝子特有的田园风光、民习风情和古老的巴蜀文化，具有浓郁的"川味"；就局部而言，它又依自然条件和区位的不同，形成风貌各异的特色类型，包括农家园林型、花果观赏型、古迹民俗型、特色饮食型、特色手工艺型、自娱自乐型、农业科技型和特色主题型。如成都郫县的农科新村在四川最早开设了农家乐旅游项目，把花卉农业产业化与观光农业有机地结合在一起；内江的长坝山桃花观赏和森林旅游已初具规模；自贡三多寨的桃花、梨花颇负盛名；乐山的城市农业初露头角；仁寿曹家乡的梨花会，兼有观光和招商的功能；位于西昌市近郊的邓海太阳岛渔村，颇具地方特色。作为"中国农家乐发源地"的成都，从2004年6月1日起实施《农家乐开业基本条件》和《农家乐旅游服务质量等级划分》两项地方标准后，各地的农家乐纷纷响应，积极依据该标准对农家乐进行改造和整治，已有一大批优秀的星级农家乐涌现出来。自从农家乐开始出现，四川省很快就成为全国农家乐旅游发展最快的省份之一，农家乐已遍布四川省的21个州市。

四川乡村旅游的发展主要分三个阶段：第一个是自发阶段，1987—1991年，规模小，较分散；第二个是规模阶段，1992—2002年，规模逐步扩大，功能逐步完善，分布趋于集中。在郫县农科村的带动下，成都周边乡村纷纷发展"农家乐"旅游，从事旅游接待的农户迅速增加；第三个是规范阶段，从2002年至今，旅游氛围比较浓厚，旅游特色更加突出，旅游规范标准逐步建立和完善。

目前，四川乡村旅游的发展又呈现三种不同的特点：一是城市依托型，依托大城市就近的客源市场，利用农村、农园的自然生态和乡村文化，从吃、住、游、购、娱等多方面满足城市居民周末休闲度假的需求；二是景区带动型，以重点旅游景区为核心，把旅游景区的部分服务功能分离出来，吸引和指导周边乡村的农民参与旅游接待和服务，从而带动景区周边乡村的旅游住宿、餐饮、购物及配套服务，拉动农副产品、土特产品销售，带动旅游景区周边农民就业和收入增加，形成旅游景区和社区经济的互动发展；三是特色村寨型，以特色村寨的生产生活、生活方式、民情风俗、宗教信仰及各种传统节日为特色，吸引广大游客和研究者前来观光游览、娱乐、学习以及研究。

四川省为促进乡村旅游的发展，一直在实施乡村旅游提升行动。一是扶持民族地区乡村旅游发展，培育民俗特色浓郁、服务质量规范的民族旅游接待户，鼓励和扶持民族地区发展"牧家乐""藏家乐""彝家乐"，启动"百千万"牧（农、林）家乐工程。二是推动"农家乐"等乡村旅游标准化管理，开展星级农家乐等级标准制定、评定工作，在基础较好的地区评定一批星级农家乐，并争取将星级农家乐等级标准上升为地方标准。三是开展全省乡村旅游发展的示范建设，全面推动乡村旅游的提档升级，并在部分基础条件好、发展潜力大的城市郊区，如成都、眉山、遂宁等城市周边，探索并支持建设1~2个省级乡村休闲度假旅游区，打造特色乡村旅游度假。四是加强旅游人才培训，组织以乡村旅游、藏家乐、普通话、外语、卫生健康、烹饪技术、接待礼仪等旅游服务实用知识和基本规范等为主要内容的培训。五是进一步强化全省乡村旅游的品牌形象宣传，进一步提高各地乡村旅游产品的市场影响力和吸引力。此外，四川还拟打造形成环城市"天府农家"、川西"藏羌风情"、川东北"苏区新貌"、攀西"生态农业"、川南"古村古镇"五大乡村旅游板块，实现从分散粗放的传统"农家乐"向集约精细的乡村度假型转变，从单纯的农户经营向多元化投资经营模式转变，从比较单一的乡村观光旅游向观光与休闲度假并重转变，努力开创乡村旅游发展的新局面，真正实现"以旅助农""以旅促农""以旅富农"。

与西部其他地区的乡村旅游相比较，四川乡村旅游具有以下特点。第一，政府主导作用突出。各农业旅游点在逐步发展壮大的过程中，政府的积极引导和宏观规划起到了重要作用。此外，通过政府投入少量启动资金与公司合作等方式，有效带动民间投资近亿元，带动了农业旅游的发展，取得了明显的经济效益。第二，四川省的乡村旅游发展的富民增收效果明显，经济效益和社会效益突出，"农家乐"成为四川省地方经济新的增长点，也成为贫困地区农民致富的重要手段和重要的经济来源。各地通过积极发展农业旅游，不仅促进了农村经济收入的增长，更加促进了农村精神文明的进步。第三，通过节庆活动大力推动乡村旅游，同时很好地宣传了乡村，吸引了大批的乡村建设项目。节庆活动成为主要宣传推广的渠道，省内各农业旅游点一般利用花木、果木生长期适时通过举办"梨花节""桃花节"等活动提高知名度和影响力，吸引广大游客前往。节庆活动的成功举办有力地促进了农业与旅游的有机结合，提高了知名度和影响力，大大地推动了农业旅游的发展，促进了农村建设。

（二）广西乡村旅游发展

广西 80%以上的旅游资源在农村、山区和少数民族地区，发展乡村旅游有着得天独厚的优势。近年来，广西通过创建全国农业旅游示范点，大力发展乡村旅游，丰富旅游产品类型，带动了农副产品向旅游商品的转化，改变了农村经济落后的面貌，促进了传统农业向旅游农业、传统农民向旅游从业者、传统居住型乡村向旅游接待型社会主义新农村的转变，使乡村旅游真正成为富民、惠民、利民工程。如崇左市龙州县金龙镇板池屯村，山清水明，竹木茂盛，"美女泉"一年四季汩汩涌流，泉水清幽而甘甜，有着浓厚而独特的壮族风情；独特的壮族侬侗节丰富多彩，村民们在辽阔的田野上，弹着天琴、吹着啵咧、敲打着龙凤锣，吸引了大量的海内外游客。

在发展旅游业过程中，广西通过认真处理旅游业发展中利益相关者的关系，积极引导农民参与旅游业，转移农村剩余劳动力，增加非农收入，融合的思想贯穿始终。经过多年的发展，广西已创建一批乡村旅游示范区、农家乐旅游点，直接从事农家乐旅游的农民已达数万人，这些乡村旅游示范区

（点）、农家乐旅游点每年接待游客数以万计，给当地的旅游业带来了极其丰厚的回报。随着广西乡村旅游产品的丰富，旅游发展方向从单一走向多元，已形成了六类乡村旅游产品：农家乐，如恭城红岩瑶族村；民俗文化村寨，如宾阳蔡氏书香古宅；集观光、体验、购物于一体的农园，如南宁乡村大世界；高科技农业观光园，如广西八桂田园；依托乡村名胜开展乡村旅游，如龙胜平安乡的平安壮寨，借助龙脊梯田稻作为文化景观；融合当地乡村民族风情开展的乡村旅游，如阳朔高田镇栎村等。一批乡村旅游精品线路不断面世。目前，乡村旅游已成为广西旅游开发的一大特色，成为广西旅游业的品牌。社会主义新农村建设战略为广西的乡村发展明确了方向，即生产发展、生活宽裕、乡风文明、村容整洁、管理民主。乡村旅游发展作为当地建设战略一部分，得到了政府、企业和农户的积极响应。通过乡村生态旅游，并使之具备游戏、休闲、教化、医疗、美化环境等综合功能，这是对工业化、城市化进程的一种转变，这是工业化、城市化和农业现代化高度发展以后对新时代农业的一种探索，旅游与农村建设融合发展成为旅游发展的新模式。当地乡村旅游业发展，摒弃了传统农业的掠夺生产模式，注重人与自然的和谐共生，推进资源的永续利用，实现了经济效益、社会效益、环境效益、生态效益的统一。

四、云南省旅游与乡村建设融合发展

云南省地处中国西南边陲，北回归线横贯南部。全境东西最大横距 864.9 千米，南北最大纵距 900 千米，总面积为 39.4 万平方千米，占全国陆地总面积的 4.1%，居全国第八位。全省土地总面积中，山地约占 84%，高原、丘陵约占 10%，盆地、河谷约占 6%，平均海拔 2 000 米左右，最高海拔 6 740 米，最低海拔 76.4 米。云南东部与贵州省、广西壮族自治区为邻，北部同四川省相连，西北隅紧倚西藏自治区，西部同缅甸接壤，南同老挝、越南毗连，与泰国、柬埔寨、孟加拉国、印度等国相距不远，自古就是中国连接东南亚各国的陆路通道。云南省与邻国的边境线总长为 4 060 千米，有出境公路 20 多条，15 个民族与境外相同民族在国境线两侧居住。从整个位置来看，北依广袤的亚洲大陆，南连位于辽阔的太平洋和印度洋的东南亚半岛，处在东南季风和西南季风控制之下，又受西藏高原区的影响，从而形成了复杂多样的自然地理环境。其复杂多样的地理环境、特殊的立体气候条件、悠久的历史文化和众多的少数民族聚居，以及现代化建设相对滞后，形成了有别于东部和中部地区的多元乡村聚落。特别是优越的气候条件与良好的生态环境，使云南成为四季皆宜的旅游天堂，对国内外旅游者具有很强的吸引力。

乡村旅游的发展对带动云南农村建设和旅游业的可持续发展有着特殊作用。利用农村的优势资源多形式发展具有休闲、观光、度假等多功能的乡村旅游，对带动农民增收，改善农村基础设施，保护和传承民间文化，促进农村文明建设都具有重要的经济意义和现实意义。伴随着全省旅游业的快速发展，云南积极探索和实践发展乡村旅游的路子，大体上走过了以下三个发展阶段。

第一个阶段为自发发展乡村旅游阶段。20 世纪 80 年代，随着云南旅游的起步发展，云南乡村旅游开始起步，首先在旅游发达的地区产生，当地农民依托旅游景区的发展自发参与旅游业，如昆明石林旅游风景区旁边的五棵树村、大理蝴蝶泉边的周城、西双版纳的曼景兰村、德宏瑞丽的大等喊村等。当地农民通过为游客提供民族风情体验、民族风味美食品尝、乡村民居旅馆体验等各种各样的乡村旅游活动，既丰富了当地旅游景区的旅游活动内容，又促进了脱贫致富。

第二个阶段为倡导发展乡村旅游阶段。进入 20 世纪 90 年代后，云南旅游进入培育支柱产业的发展阶段，在政府的倡导和指导之下，云南乡村旅游进入了快速发展时期。1992 年，省政府在西双版纳召开旅游发展会，提出积极发展边境旅游、民族文化旅游和乡村旅游；1994 年，省政府又在滇西北召开现场办公会议，提出依托自然景观、民族文化、村寨特色，加快发展以体验自然风光、领略民族风情、感受乡村民俗为内容的观光旅游；1995 年，省委、省政府做出培育旅游支柱产业决策之后，又于 1997 年召开全省五旅游区规划会议，并把乡村旅游作为重要旅游产品，提出要积极开发和发展。在政府的积极倡导和推动之下，全省乡村旅游迅速发展，到 20 世纪 90 年代末期涌现出了一大批具有一定规模的乡村旅游点，如昆明西山团结乡的"农家乐"，香格里拉市的"藏民家访"等，促进了旅游业的快速发展。

第三个重要阶段是大力促进乡村旅游事业的开展。自从迈入 2001 年，我国人民群众的生活水平和家庭收入水平都获得了极大的提升，旅游已经成为人民日常生活中不可或缺的文化盛宴。尤其是近年来，旅游活动种类日趋丰富，给乡村旅游产业的开展提供了无限的商机。为了更好地开展乡村旅游产业，云南省政府于 2000 年在全省举办了旅游发展会议。仔细总结了前期乡村旅游发展的经验，提出要在原有经验的基础上，利用好自身特有的民族旅游资源优势。促进旅游产业的开展，帮助少数民族地区的人民群众摆脱贫困，加快产业结构改革的步伐，为乡村地区旅游产业的发展提供有力支撑。

历经多年的培育、开发和完善，目前的云南乡村游已经获得质的飞跃，发展态势突飞猛进，尤其是"假日旅游"的开展，发展前景更是一片光明。"农家乐"是具代表性的，截至 2008 年，云南全省范围内已经有 16 个城市超过 7 100 户农户开展了"农家乐"，经济效益非常可观，帮助众多农户提升了生活品质，腰包鼓了，日子红火了。农家乐是云南的新型旅游活动，广受国内外游客的好评和喜爱，本省居民更是乐在其中。乡村旅游是为了适应市场的需要而逐渐发展起来的，是云南旅游产业的一道亮丽风景线。

因为云南省内的乡村地质形态、自然环境、人文色彩各有差异，所以，对于乡村旅游的发展模式也是大相径庭，目前一共形成了依托客流市场的"农家乐"发展模式、景区带动型发展模式、依托资源优势的乡村组织型发展模式和综合开发型发展模式四大模式。

基于客流量因素的农家乐模式，选址是比较重要的，因为它要考虑交通是否发达，人流是否众多等因素，所以，通常它主要设在城乡接合的乡村或者接近景区的乡镇。负责经营的农户要严格按照相关管理准则进行特色食宿接待服务。资金投入少，经营难度不大，风险系数小，收益快捷这是农家乐模式具有的优势，所以，在农户中的欢迎度极高。

景区带动型发展模式，主要以重点旅游区为中心点，发挥乡村、田园的特色优势，借助少数民族地区的风土人情，民族风俗，将旅游区的些许服务功能剥离开来，引导周边乡镇的农户积极地参与相关接待服务，帮助他们摆脱贫困，推动地区经济快速增长。大型旅游景区服务范围比较广，例如丽江的石鼓镇、黄山镇，石林县的五棵树村、宁蒗县泸沽湖的落水村等就是景区带动型发展模式的真实写照。

乡村组织性发展模式主要是借助民族地区特有的资源上风，基于乡镇的生态环境、风土人情、特色建筑等资源优势，由政府全权统领，开展市场化的经营方式，招商引资，以政府规划的旅游模块为基础，进行组织性、合理化的运营服务，推动旅游产业的大力发展。这种公司＋农户型的发展模式，主要的针对群体就是特色化乡村，借助招商引资的方式，吸引资本雄厚的大企业进驻，对该地区的公共设施和环境进行合理的规划和建设，积极引导农户开展食宿等服务，定期组织农户进行民族活动，打造富有特色化的乡村旅游产品，从而吸引国内外的游客。例如，丽江市引进昆明鼎业集团对束河古镇进行保护、开发和改造；腾冲县引进柏联集团对和顺镇进行整体保护、升级；西双版纳橄榄坝农场投资对 5 个傣族村寨进行整体开发、包装和经营等。

综合开发型发展模式主要以具有丰富旅游资源的县（市）为目标，由政府全权负责开发、改造和建设，资金由政府承担，大力开发重点景区，吸纳社会资金进行接待服务建设工作，积极指导农户参与其中，推动旅游产业发展。元阳县是一个具有强烈吸引力的乡村生态旅游区，它以宏伟壮丽的梯田景观为基础，并且融合了当地的风俗人情。香格里拉市的特点是清洁的湖泊，广阔的牧场，独有的藏族风情。吸纳社会资金和当地村民投资旅游开发、建设和接待服务，形成在国内外享有盛誉的"香格里拉"生态旅游度假区。

对于以旅游强省为目标的云南省而言，保护开发传统村落，不仅是生态文明建设的必然要求，也是宣传云南的新名片，是建设文化强省和旅游大省的重要推手。截至 2013 年年底，云南省共向国家登记上报传统村落 1 371 个，占全国传统村落上报总数的 12%，位居全国之首。其中，2012 年第一批国家级传统村庄 62 个，2013 年第二批国家级传统村落 232 个，共计 294 个，约占全国传统乡村总数的 20%，在全国排名第一。国家传统村落专家委员会一致认为云南省传统村落历史源远流长，文化底蕴深厚，民族特色鲜明，生态环境优美，具有很高的保护价值。

云南的乡土文化保护与传承，是一项在生态文明建设背景下的传统村落保护与开发工作，未来的云南古老乡村，将会成为提升城乡人居环境的新亮点、云南特色城镇化的新动力、继承民族历史的新家园、开展文化旅游的新高地。保护好、发展好、传承好云南的传统村落，必须坚持"抢救第一、注重保护，科学规划、适度改造，合理利用、传承发展"的基本原则，科学系统地制订传统村落保护与发展规划，既要确保传统村落的历史性、真实性和完整性，又要确保其合理开发、永续利用。为此，需要重点做好以下七个方面的工作：一是要继续做好传统村落调查及申报；二是要科学编制传统村落保护发展规划；三是要切实做好传统村落保护项目；四是要切实加强名木古树及古建筑的保护；五是要合理选择传统村落的发展模式；六是要重点做好传统村落中的农村危房改造工作；七是要稳妥做好传统村落中的美丽乡村建设。

云南省在乡村旅游和乡村建设发展方面的特点，可以总结为以下五点。

第一点，乡村旅游产业的开展赋予了乡村发展新的生机，推动了乡村经济的快速增长。多少地区、多少农户因为一座山、一个湖泊、一间民宿、一个果园实现了发家致富，这样成功的典范数不胜数。西双版纳傣族园是最具代表力的。以前的西双版纳傣族园只是一个最为普通的傣族自然村，现在已经一跃成为西双版纳地区的重点旅游景点。景区的开发和改造，充分利用原有的自然环境，发展民族文化资源，增强景区文化内涵，使广大村民参与其中，开展旅游业致富之路。

第二点，云南省旅游资源最丰富，特色化最显著的地区通常都是经济发展状况并不乐观的区域。受到交通条件较好，旅游景点较多的旅游线路或旅游景点周边乡村旅游的发展驱动，引导农户参与旅游接待服务，成为市场主体。不但加大了就业机会，并且找到了改变农村剩余劳动力的新方法。而且还可以提升当地农户的收入水平，帮助他们摆脱贫困。昆明市锡山区团结街道团结办公室曾是贫困山区乡镇。通过"农家乐"模式的开展，参加旅游接待服务的农户人数占乡镇农户总数的 18%，从事旅游接待服务的人员占全部农户总数的 26%。2007 年，成功接待了 50 万名游客。农村集体旅游总收益实现了 1 700 多万元，人均旅游收入达到 6 000 元。此外，迪庆梅里雪山下的明永村原本是一个穷困潦倒的偏远山区村庄。自从梅里雪山景区开发以来，吸纳大量村民投身景区业务，单一地借助悍马输送旅客这一项业务。平均每户收益超过 15 000 元，甚至有的已经达到 40 000 多元，实现了初步意义上的发家致富。

第三点，提高农副产品交易量，助力农副产品销售额的提升，推动乡村产业结构革新。乡村旅游产业的大力发展，给农副产品的销售提供了很大的助力，带动了农副产品的生产、加工业务。罗平县就是最好的说明，借助独特的自然风光和资源优势开展了乡村旅游产业，与此同时，还促进了当地独具特色的"三黄（菜油、生姜、蜂蜜）三白（白薯、百合、白萝卜）"农产品的生产和销售，收获了众多旅游爱好者的喜爱，交易额显著提升，拉动当地农村经济发展。

第四点，云南乡村旅游的开展，改善了当地乡村的形象，促进了乡村精神文明建设。自从乡村旅游开发以来，全国各地的大量旅游爱好者来到这里，不但为城乡交流增添助力，而且还有助于拓宽农户的眼界，树立全新的思想观念，改善原有的生活习惯和方式，提高文化素养，推动乡村公共设施建设，提升乡村形象，使乡村旅游点形成了"门内文明化、门外山水化"的新面貌。例如，昆明市团结办公室通过乡村旅游的开展，累计投入了3 700多万元用于道路修建，共建成通往昆明市的4条柏油公路，合计52千米；发展和建设了8个重点景点，共计使用资金1 500万元，其中"欢喜滑草场"被评为"全国20大健身著名景观"。农业技术学校成立，龙潭中学和一批小学进行了改造和升级，不但为乡村旅游的发展输送大批量人才，而且为促进乡镇教育事业的发展付出了巨大的努力。

第五点，云南乡村旅游的大力开展，使我国源远流长的民族文化得到了更好的保护，有利于民族精神更好地传承和发扬。众所周知，云南是我国少数民族最多的省市，借助乡村旅游，实现了少数民族文化的传承，加快了开发具有民族特色的旅游产品的步伐，更好地保护了我们的历史文化。例如丽江市黄山乡，借助乡村旅游推出"当一天纳西人"的民俗旅游活动，这不但加大了民族文化的宣传力度，而且更好地保护了文化资产。

总之，云南由于自然环境的复杂性和民族的多元性，造就了乡村聚落形态和文化的多元性，全国已公布的600多个传统保护村落云南省占了1/3。丰富多彩的乡村旅游资源是云南发展多元化乡村旅游的基础，可以作为全国乡村建设和旅游融合发展的试验示范区。

第三节　旅游与乡村建设融合的发展趋势

从国内外乡村旅游发展的经验来看，乡村旅游发展与乡村建设密不可分，互相促进、互相依存。一方面，乡村旅游发展可以为乡村发展赢得更加广阔的空间，为乡村发展奠定扎实的经济基础；另一方面，乡村建设要获得可持续的动力，就要考虑到乡村旅游发展的需要，为乡村旅游提供良好的发展环境。展望旅游与乡村建设融合的发展趋势，可以为建构合理的旅游与乡村建

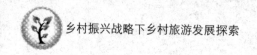

设融合模式提供思路。

一、乡村建设的发展趋势

纵观中国历史，"三农"问题关系国民经济全局，农村建设是重中之重。2005年10月召开党的十六届五中全会提出了"建设社会主义新农村"的主题，会上特别强调了社会主义新农村的建设是实现我国现代化的重要任务。我们要切实遵循生产发展、生活繁荣、民风质朴、乡貌整洁、民主管理的准则稳步推进。2007年10月，党的十七大报告再次重申要"统筹城乡发展，推进社会主义新农村建设"。2008年10月，党的十七届三中全会通过的"中共中央关于推进农村改革发展若干重大问题的决定"进一步明确了推进中国农村改革发展的总体思路，提出构建社会主义新农村的一系列新思路和新举措。2013年11月，中共十八届三中全会"中共中央关于全面深化改革若干重大问题的决定"提出了深化农村改革的综合计划，为农民提供更多的权益，促进城乡一体化发展为主线，明确提出了"三个赋予""七个允许""四个鼓励""五个保障""六个推进""三个建立""六个完善健全""四个制度改革""五个城乡统筹"的农村改革任务和措施。目前，我国乡村建设主要表现出以下几大趋势。

（一）资源集约化

乡村建设，就是把原来分散的乡村集合起来，一同发展，为其提供统一的公共设施和社会管理服务。缩减在土地、公共设施和管理方面的费用投入，实行集约化的发展模式。

（二）产业升级化

产业是增加农户就业渠道，拉动经济增长的核心基础。乡镇的建设必然无法与农业脱节，但这并不意味着就要完全的限制于农业这一领域。乡村的产业升级归根结底就是农业自身的改造升级，要将高新科技应用于农业中，发展生态农业、休闲农业等。与此同时，也要特别注重农产品的生产加工业、餐饮服务业等第二、第三产业发展，打造三大产业和谐、健康发展的新局面。

（三）就地城镇化

农村建设并不要走农民走进城市的发展道路。相反，要基于现有农业基础和农村发展，在产业、基础设施和社会组织管理改造后，形成了当地城镇化发展的格局。

（四）农民市民化

农户实现就地城镇化，就要彻底与农业分离，提高收入水平、实现农户到市民的身份转变，享受同等级的市民待遇，尤其是在金融、教育、社会保障等方面。

（五）公共配套完善化

在乡村业务的建设中，还需要特别注意水、电、道路交通、设备通信、排污等公共设施的建设，以确保满足用户的日常所需。

（六）社会管理社区化

农户集合起来居住，需要享受与城市居民同等级的管理服务，公共服务均等化是体现社会主义优越性的主要特征。

二、旅游产业的发展趋势

随着国民经济的发展和人民生活水平的提高，旅游产业作为朝阳产业呈现出较强的生命力，已成为中国经济的增长点，并发展成为国民经济的支柱产业。中国旅游业出现四大发展趋势。

（一）乡村旅游注入"美丽乡愁"新内涵

2013 年年末召开的中央城镇化工作会议和中央农村工作会议明确了乡村旅游的发展目标：让城市畅游在大自然中，让城市住户享受山山水水。要保护民族文化，让有民族特色、历史文化丰厚的乡村发展起来。在开发的过程中，要尊重自然、保护自然，遵循天人合一的思想。国家要强大，首先乡村一定要强大起来，国家要富饶、优美，乡村一定要更美，国家要富裕，乡村一定先走致富之路。

将来体现村庄旅游差异化和现代休闲旅游文化的体验就是"记住乡愁"。把我国的村庄旅游作为一个整体来观察，可以发现我们国家现在的一些地区存在着较为明显的小、散、低等问题，如果要解决这些问题，就要把"美丽乡愁"作为基础再加上当地的文化特色。"乡愁"是村庄文化特点，如果一个景区缺少了文化特点，那么就像一个人变成了没有灵魂的躯壳。想要塑造乡村旅游的品牌，就要把"乡愁"这一特色更深度地研究，从而把低、散、小的问题转化成新、聚、大的优势，只有这样才有机会从创新产品向业态多样化过渡，从而达到融合产业的目的。在城镇化的进程中，"美丽乡愁"被作为标签的村庄正在受到越来越多人的喜爱。

（二）养老养生旅游需求日益增长

根据相关数据显示：2012 年年末的时候，我国就已经有接近 2 亿的老年人，这个数量比 2010 年的时候增长了 891 万人，老年人口数量在全国总人口中的比较已经占据到 14.3%。随着社会的不断发展，越来越多的年轻人选择外出，去一线等城市发展，这也在一定程度上造成了独居老人数量的增长，养老思想的转变，加之老年人消费水平逐渐升高，旅游深受老人的喜爱，外出游玩的老年人数量逐渐增多。据全国老年旅游产业发展促进研讨会公布的数据显示，老年人消费交易额已经高达 1 万亿元，这仅仅是 2010 年的数据，2020

年有望突破 3.3 万亿元，预测 2030 年可以实现 8.6 万亿元，这是一个非常庞大的数据，老年旅游产业前景广阔、商机无限。

对于年轻人而言，旅行是教育的一个环节；对于老年人而言，旅行是人生体验、人生阅历的一部分。旅游日益成为老年人的一种生活习惯和生活态度。当前，中国养老旅游产业的发展尚未成熟，需要多加完善，市场上的老年旅游产品不具有独特性，吸引力也并不大，大部分仍然处于概念炒作阶段，未能契合老年人的需求。养老旅游的巨大潜力将推动相关旅游产品的密集推出和创新，市场前景光明。

（三）旅游目的地智慧化方向明晰

2013 年 11 月 6 日，国家文化和旅游部在其网站对外公布了我国 2014 年旅游的推广主题"美丽中国之旅——智慧旅游"，此外，特别强调了要将重点放在智慧服务，智慧管理和智慧营销层面上，推动旅游资源和产品的开发整合，推动旅游向现代服务业转型。中国旅游产业将掀开智能化、科技化的新篇章。

为了更好地顺应国家文化和旅游部提倡的旅游主题，一些经济比较发达的城市，例如江苏、广州、天津等都开始启动了智慧旅游年的活动。各个地区都依据自身的情况制定了智慧旅游的计划和发展宏图，广大游客可以借助社会媒介了解、查询到各种旅游信息；依托电脑、手机等工具实现酒店、门票的在线订购；按照不同游客的不同需求为其量身定做旅游路线等。当然，景区也会完善自己的服务，虚拟软件系统可以帮助游客获得最真实的感受和切实的体验，加大游客和景区间的沟通，不但会让游客有更多不同的感受，还有利于景区服务形式的完善和创新。

（四）倡导文明出游行动力度增强

根据中国旅游研究院发布的数据显示，2013 年中国旅游经济发展态势良好，接待国内游客达到 33 亿人次，出境游客人数 9 730 万人，未来数据有望

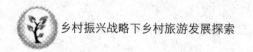

再创新高。出境旅游在为国际旅游消费作出巨大贡献的同时，也更好地展现了中国形象。

2013 年 7 月，国家文化和旅游部制定了"中国公民出境旅游文明行为指引"，并出台了"文明旅游提案"，组织实施各种渠道和方式进行"文明旅游，理性消费"的推广和宣传。与此同时，向全社会征集文明旅游标语，启动"文明旅游提高觉醒"活动，大家一同努力改正旅游活动中的不良行为。

2013 年年末，中央办公厅下发了《关于培育和实践社会主义核心价值观的意见》明确提出要强化公民文明旅游的推广教育，规范公民行为、加大社会监督力度，提高公民旅游文明意识。日后，文明旅游会受到更多的关注度，公民文明素质也将进一步提升。

三、旅游与乡村建设的融合发展趋势

（一）旅游与乡村建设的融合发展影响

乡村建设需要促进乡村经济发展、生活水平提高、乡村环境改善和人口素质提高。旅游发展以乡村为主体，对乡村建设诸多方面产生了不同程度的积极影响和负面影响。在某种程度上，可以说没有其他类型的经济发展能像旅游业那样对农村发展产生如此全面的影响。

（二）旅游与乡村建设的融合发展趋势

我国乡村建设与旅游业态发展呈现各自不同特点，随着"新型城镇化""现代农业化"等国家战略的提出，以及中国人对"乡愁"渴望的日益强烈，乡村建设为旅游业发展提供天地，旅游业促进乡村文明建设，农旅联合、以旅带农、以旅兴农的融合发展思路逐渐形成，使旅游与乡村建设体现出产业化、多元化、规模化、规范化、品牌化的融合发展趋势。

（1）产业化趋势。伴随着城市化进程的不断加快，以及人民群众的消费水平逐渐增强，人们对于旅游的需求也愈发强烈，以城市居民为主要目标群体的乡村旅游产业也日渐成熟，市场份额逐渐加大，是拉动乡村经济增长的有力支撑，显示出非常显著的产业化发展态势。

首先，乡村旅游产业链继续扩大，个体农民的个体经营方式将不断被专业经营者或协会通过整合农民，饭店，宾馆，景区，交通部门，商场，娱乐场所，表演团体等契约性商业模式所替代，这种要素企业之间的横向一体化集群发展可以迅速建立起功能完备的产业链条，内化外部交易，降低交易成本，提高整体效率。其次，乡村旅游产业升级重中之重，优化生产要素，提升技术经营水平和保证产品质量，有助于推动行业质量和效益的实质性提高。

（2）多元化趋势。功能多元化，产品多元化和投资多元化这是乡村旅游多元化所体现的三大层面。乡村旅游不能单一地限制于娱乐功能，如旅游和休闲。它还应具备经济功能，社会功能，教育功能，环保功能，保健功能，文化功能等，它的目标是要成为人民群众必不可少的生活方式。为了适应日益多样化的市场需求，进行多维度的产品创新，提供丰富多元的产品，是乡村旅游发展的必要途径。不管是安静的田园风光、极富动感性的乡村风格表演还是需要付出很多体力的劳动体验都会受到不同群体游客的喜爱。除此以外，乡村旅游的主要投资者日渐多元化。最初只有一些实力和知识兼具的农户自主投资、独立运作，自负盈亏。伴随着客流量不断增多，市场规模日渐扩大，多家农户共同出资和乡村集体投资如日中天，众多强大的资本公司和团体也逐渐加入，瓜分这块具有无限商机的蛋糕，推动了乡村旅游的飞跃式发展。

（3）规模化趋势。个体扩张规模，集合分散规模，总量规模是乡村旅游发展的三项具体要求。首先，从事乡村旅游发展的初期运营商基本上已经实现了资源的累积，激烈的市场竞争和开疆扩土的决心促使他们要把经营规模做得更大、更强；其次，新进入的后起之秀资金实力、能力毋庸置疑，他们若想迅速地占领市场份额，必须打响第一战役，所以他们的起点非常高，规模非常大，进行错位竞争，这是他们选择的应战措施。从大区域竞争角度看，分散式乡村旅游经营者的整合将加强基地建设和核心公司的培育，实现从零散到集约，从"农家"到旅游村，从旅游村到集群的过渡，实现规模效应，这有助于提升核心竞争力。显然，因为市场需求不断旺盛，供应量持续扩增，乡村旅游市场总规模的攀升是必然趋势。

（4）规范化趋势。俗话说："没有规矩不成方圆"。乡村旅游发展到一定阶段，为了延续和增强其可持续性，必然要全方位制定管理准则，确保规范化和标准化。事实上，在中国乡村旅游发展实践过程中，国家机关和地方各级政府有关部门及相关行业组织已经开始有意识地开展这方面的尝试，效果非常可观。2005 年，北京农村工作委员会组织专家制定了"北京市旅游农业示范园区评估标准（试行）"，明确了旅游园区的建设，管理，可接待旅游人数和旅游经济效益的硬件和软件等指标。2007 年，中国饭店协会起草的"农家乐条例"对全国农家设施的环境保护，消防，卫生，安全等方面制定了非常详尽的规则和标准。除此之外，四川，湖南，福建等省也订立与自身城市情况相应的乡村旅游示范点等级和服务标准管理准则。

（5）品牌化趋势。旅游产品不像日常购买的实物，没有办法进行感知，它的生产和消费是在同一时间同时进行的，游客在进行旅游产品的选择时，没有办法采取同实物产品一样的购买方式，因为它没有办法进行试用，没有办法了解产品的功能、质量等内容，所以，传播媒介以及周围亲戚朋友的介绍会对消费者的选择起到很大的影响，产品的品牌是一种特殊的信息载体，它的作用不言而喻。当前市场上的乡村旅游产品共有公共品牌和企业品牌两大模式，公共品牌是一种地区性的品牌，具有公共产品的特点，所在地区的全部经典都可以共享；企业品牌，顾名思义，与企业的价值密切相连，可以展现企业所具有的美誉度和曝光度。在当前的市场环境下，竞争异常激烈，乡村旅游的开展也要与时代相适应，与社会相结合，借助品牌搭建起产品与消费者沟通的枢纽，用品牌文化的力量激发自然与人的心灵契约，最终创造健康、和谐、统一的旅游休闲度假空间，进而将乡村旅游的核心竞争力提升到另一个高度。比如近期较受欢迎的乡村旅游，其有两种基本品牌形式，一种是具有公共产品特性的区域性形象品牌，该区域所有的乡村旅游区（点）可以共享此品牌；另一种是可以提高某企业知名度且与此企业利益直接相关的企业品牌。市场竞争日趋激烈，如果想提升核心竞争力、建立美好和谐的休闲旅游环境，则乡村旅游的发展应适合品牌时代的发展和趋势，实现让产品与消费者进行心灵对话的桥梁作用，以品牌文化的力量召唤自然与人的心灵沟通。

第四章 乡村振兴战略背景下乡村旅游发展

第一节 乡村振兴战略背景下旅游文化振兴乡村的路径

　　全面推进乡村经济发展是现阶段我国重要的发展战略，发展乡村旅游文化是解决我国"三农"问题和推动乡村经济发展的重要途径，对于繁荣乡村产业、净化乡村人居环境、提高村民精神文化素养、提升村民经济收入及幸福感都有着重要的意义。本节通过对乡村振兴战略背景下旅游文化振兴乡村的难题及优势进行分析，并提出相应的发展路径，从而有效落实乡村振兴战略目标，推进乡村经济不断向前发展。

　　大力发展乡村旅游文化是提升乡村经济发展水平的重要路径，是解决我国"三农"问题的重要途径。在乡村振兴战略的支持下，乡村旅游文化得到了一定的发展，但在乡村旅游文化的开发进程中依旧存在很多无法避免的问题，因此需要探究乡村旅游文化振兴乡村的有效策略。具体需要有效结合乡村各项资源，以振兴乡村旅游文化为出发点，形成特色鲜明的乡村旅游文化产业，推进乡村旅游文化可持续健康发展，同时提高乡村经济水平发展，实现乡村振兴。

一、乡村振兴战略与乡村旅游文化发展契机

（一）乡村振兴战略背景

党的十九大提出了乡村振兴战略。在乡村振兴战略的实施背景下，乡村旅游文化得到了迅速发展，并成为振兴乡村发展的重中之重。在中国特色社会主义新时期，党中央深刻认识到我国的国情与农情，把握我国城乡关系及地区发展情况，不断总结现代化建设的规律，从国家事业发展整体布局出发，为实现"两个一百年"奋斗目标，以切实解决农村农业发展短板问题为重要导向，对"三农"工作提出了重要的战略导向。

（二）乡村旅游文化发展契机

乡村振兴与乡村旅游文化发展是相辅相成的，乡村振兴战略为乡村旅游文化发展提供了重要的契机，乡村旅游文化发展是实现乡村振兴的有效途径。乡村地区可以充分挖掘区域独特的地貌特征、资源优势，形成独特的旅游文化产业，这对于推进农村经济发展、弘扬乡村文化具有关键性作用。另外，现阶段由于城市中人们的生活与学习压力越来越大，往往会选择通过乡村旅游来愉悦身心、舒缓情绪，这为乡村旅游提供了强有力的发展契机。

二、乡村振兴战略背景下乡村旅游文化发展的优势及难题

（一）乡村旅游文化发展优势

经营模式新。旅游产业作为新兴的第三产业，发展过程中涉及吃、穿、住、行等多个方面，并且与其他产业之间有着密切的联系，并具有很强的感

染力。生活在城市当中的人们往往因生活压力大、学习任务繁重、生活环境质量差等而出现身心疲惫、精神状态不佳的现象，而环境舒适的乡村生活往往是人们愉悦身心、远离城市喧嚣的最佳选择。因此，乡村旅游是备受人们欢迎的一种旅游模式。

资源消耗与成本开发少。与其他产业不同，开发旅游资源具有资源损耗小、成本回收快等特点，这也体现了生态旅游文化的发展优势。由于乡村具有得天独厚的地貌特征和资源优势，加之独特的民俗文化，对于推进乡村旅游产业链的发展、弘扬乡村民俗文化、打造特色乡村建筑及产品具有重要的作用，同时也为打造乡村特色旅游文化创造了良好的环境。为了全面提升农村经济发展水平，增加农民收入，实现农民群众生活富足，就需要充分抓住乡村旅游这一发展契机，实现农民增收致富。同时，农村旅游文化产业的开发还有助于解决农村剩余劳动力的就业问题，提升农民的整体素养。

（二）乡村旅游文化发展难题

制度管理体系不健全。由于乡村旅游产业处于初步发展阶段，相关部门对于制度管理体系的制定不健全，加之村民文化素养较低和理论知识薄弱，导致出现了农户私自占用公共区域和占用摊位摆摊、卫生不达标等不良现象。这不仅极大地降低了乡村文化旅游的整体质量，而且造成了一定的环境污染和空气污染，给乡村文化旅游造成极其不利的负面影响。

过度开发和管理不当问题。在乡村旅游资源开发过程中，部分村民只注重经济效益，将经济利益放在首要位置，从而出现过度开发的问题。另外，我国乡村旅游发展资金主要来源于政府支持，但乡村旅游发展缺乏专业人才和先进技术的支持。如果这些村民继续只追求短期经济效益，而忽视对生态环境的保护，且缺乏专业人才和先进技术的支持，将会严重破坏乡村原本的面貌，同时会引发生态破坏、资金流失、文化缺失等现象。

乡村旅游形式单一刻板，缺乏专业人才。现阶段，我国乡村旅游文化发展缺乏创新性，阻碍了乡村旅游在新时期的发展，也不利于带动乡村经济发展。因为旅游活动的开展会受到气候、季节等因素的影响，导致旅游产品的研发缺乏创新性。同时，一些地区忽视了利用资源优势和客流量市场，一味地在同一区域开展形式单一、风格相似的旅游活动，为了实现经济效益，毫无意义地开发乡村旅游产品，忽视了产品的独特性和创新性。同时，缺乏科学的旅游管理及专业性人才也是阻碍乡村旅游经济发展的决定性因素。

三、乡村振兴战略背景下旅游文化振兴乡村的有效路径

（一）建立健全乡村旅游管理体系，政府加大扶持力度

首先，政府部门要制定完善的乡村旅游管理体系，加大对农户的管理力度，使农户树立正确的价值观，能规范合理地开展乡村旅游经营活动。其次，政府部门应全面深化村民对乡村旅游文化的了解，发挥政府在推进乡村旅游文化发展中的主导力量，加大对乡村旅游产业的资金投入，建设洗手间、停车场、休息室等公共设施。并建立完善的网络信息共享平台，加强对乡村旅游的宣传及推广，提升旅游景点的影响力。最后，相关旅游管理部门应结合乡村旅游行业的发展优势，在科学合理的规划下进行农村旅游项目的开发。

（二）丰富人力资源，培养专业性人才

一方面，对从业人员进行定期的知识和技能培训。对于积极参与旅游文化发展的农民，需要提升其知识水平和服务意识。针对不同素养的农民，需要进行有针对性的专业培训，使村民能真正参与乡村旅游文化发展，充分发挥其作用并获得一定的收益。另一方面，加大人才引进力度，加强对专业性人才的培训，建立高素质的人才队伍。为了推进乡村旅游文化产业发展，除

了提升农民的文化素质和道德修养水平外，还需引入专业性人才，充分发挥专业性人才的专业技能，推动乡村旅游文化向前发展。

（三）合理利用乡村资源，适度开发经营

在开发乡村旅游文化的过程中，要对乡村各项资源进行合理分配，适度进行开发经营。保护乡村固有的水资源及森林资源，并保留乡村最本真的面貌。将保护生态环境作为开发旅游资源的首要条件，并保留当地特有的民俗文化和历史文化。同时，要加强对自然景区的保护，对于随意破坏景区生态环境的行为进行严厉打击，从而实现乡村资源的合理利用，促进乡村旅游文化可持续、健康发展。

（四）创新多种旅游文化形式，形成旅游产业链

在保证乡村旅游资源开发范围合理的基础上，要将历史文化、民俗文化、风土人情等乡村文化进行有机融合，形成独具特色的旅游产业链，彰显乡村旅游文化的独特魅力。旅游产业链，就是为了满足游客的实际需求，并在产业中形成强大的竞争力，与相关产业的企业在产品、技术、资金方面进行有效的结合，通过各种售卖方式将产品销售给游客，并与餐饮、酒店、景点、旅游交通等行业形成紧密的链条关系。同时，还需要深入挖掘当地的乡村特色和民俗文化，构建一条集美食、文化、游玩于一体的产业链，推进乡村旅游文化向现代化方向发展，使游客在旅游过程中身心愉悦，而且能感受一方水土的魅力，塑造良好的乡村旅游文化形象。

在乡村振兴战略背景下，全面推进乡村旅游文化建设是至关重要的，对于推动乡村经济发展、提升农民的整体素质具有关键性作用。因此，需要建立完善的乡村旅游管理体制，加大政府的扶持力度，建立高素质的人才队伍，合理优化乡村资源，创新旅游文化发展模式，从而全面提升乡村经济发展水平，有效实现乡村振兴战略目标。

第二节　乡村振兴战略与乡村生态
旅游互动融合

近年来，乡村振兴战略得到了广泛的关注和实际运营，发展乡村生态旅游，是实现乡村经济建设，达到振兴乡村的有效途径之一。分析了乡村振兴战略与乡村生态旅游融合发展的重要意义及主要操作模式，同时对发展中所遇到的问题进行有效的解决。

为解决"三农"问题，乡村振兴首次被提升到国家战略层面，受到了高度重视。要实施乡村振兴战略，发展乡村旅游业是实现战略目标的最佳方式之一。乡村旅游主要是从乡村民俗核心文化出发，以农民为运营主体，乡村生态环境及乡村农产业为主要运营产品，将城市居民作为主要运营客户目标的运营模式。发展乡村旅游可以有效、全面地带动乡村经济建设发展，致富村民。基于此背景，探索乡村振兴战略与乡村生态旅游互动融合的创新发展。

一、乡村振兴战略与乡村生态旅游融合发展的意义

建设美好乡村大多数人眼里都是经济落后、交通闭塞等关键词。与大城市相比，乡村无论是生活模式还是教育模式，都是云泥之别。如今，在党的十九大报告中提出，要大力实施乡村振兴战略，建设乡村经济，带领乡村人民走向共同富裕之路，其中发展乡村生态旅游，可以加快乡村景区建设，改善乡村环境条件以及公共服务设施，从而建立起美好全新的乡村，让乡村脱离贫穷、落后和与世隔绝等关键词。

增加农民收入传统乡村村民的主要收入都来自农作物，一辈子面朝黄土背朝天的耕种农作物，却只能解决温饱，很难有积蓄。乡村振兴战略实施后，大力发展乡村生态旅游业，可以将村民从农村劳动力转变到旅游服务业上，

不仅转变了劳作模式，还有效地促进村民收入增长，让村民的生活水平得到提升。

推动农业发展乡村振兴战略与乡村生态旅游业共同实施发展，将乡村作为旅游景点，不仅可以拓展旅游业的旅游领域，还可以打破传统农产业的种植方法和种植目标。将现代科技引进乡村，加大农产业的种植速度，减少村民劳动力的输出，为村民提供新型发家致富的劳动产业，同时引进观赏性农业产品，例如观赏性花卉、可供采摘的瓜果树木，以此来大力推进农产业发展。

二、乡村振兴战略与乡村生态旅游融合发展的操作方法

发展乡村观光农业，主要是指利用乡村现有资源和生产条件，发展出原生态的、具有相应观赏特色的新型农产业的经营模式。虽然乡村历来被冠以贫穷和落后等关键词，但我国乡村土地广袤，环境优美，空气清新，且拥有丰富的自然资源和人文资源，这是大城市所没有的原生态特色，也是乡村生态旅游得以发展的主要原因之一。大力发展乡村生态旅游业，建立起拥有大自然原生态特色的观光农业，来自大城市的游客可以尽情地观赏大自然，还可以亲自体验农村生活，了解当地村民的生活习惯及文化习俗，以此来沉淀洗涤在生活节奏快而繁忙的大城市中操劳已久的心灵。

发展原生态文化旅游乡村文化，是乡村生态旅游业得以发展的另一重要核心要素，同时也是中华民族文化重要的组成部分。一个旅游景区，若除了美景之外，缺少它特有的文化特色，就相当于失去了灵魂。因此，要使乡村生态旅游业得以大力发展，乡村振兴工作得以全面实施，就需要大力挖掘当地的文化内涵，突出乡村生态旅游业的特色。同时加大农产业的优化，发展具有乡村特色的旅游农产品。这样，不仅可以打造出更有活力更具独特魅力的乡村，还能更大力度地带动乡村经济建设，更快实现乡村振兴战略。

优化农业产业结构在农业产业结构发展中，要大力发展特色农产品，一

方面对于传统的特色农产品要加大宣传力度，另一方面要加强乡村特色产品品牌认证，实施标准化生产，增强核心竞争力。创建"农产品＋旅游业""农产品＋互联网""农业＋电子商务""农业＋服务营销"等体系，促进农业适度进行规模经营，促进产业结构进一步优化和升级。

　　加强农业旅游业融合的力度、一是大力打造一体化的乡村旅游线路，打造集旅游服务、餐饮服务、住宿、农副产品销售等度假观光于一体的乡村旅游产品；二是建立乡村旅游综合体，利用乡村所特有的资源，结合具有发展优势的农业生态观光游、自驾露营营地的项目开发，打造体育＋生态旅游绿色产业综合体，开启新型乡村旅游发展模式，推动观光农业、休闲农业稳步发展。

三、乡村振兴战略与乡村生态旅游融合发展存在的问题

　　缺乏运营资金众所周知，乡村之所以落后，是因为经济落后。乡村村民光是解决自身温饱问题，就需要他们劳作一生，更别说余出多余的资金出来开发别的发展项目。没有启动资金，即使有再好的想法，再好的资源，都只是纸上谈兵，没有丝毫施展之地，如此循环，才造成乡村一直落后，经济无法发展的现状。

　　缺乏旅游品牌形象，提到旅游，人们的第一想法都是国内外的著名景区，甚少有人了解宣传力度不够，没有知名度的乡村旅游地。发展的目标与定位难以掌控是乡村生态旅游业发展的重大问题之一，容易出现缺乏统一布局性和整体性的问题。同时加上乡村本身经济落后，建设水平和能力都比较低下，导致旅游业发展困难，增加重建的难度，品牌形象塑造更是难上加难。在全网普及、全民上网的当今时代，宣传力度跟不上，自然不会有游客前来观光。

　　缺乏旅游产品特色我国是农业大国，乡村数量极为庞大，但乡村生态旅游业的建设水平普遍低下，推出的旅游产品单一且重复率高，多为吃农家饭、采摘瓜果、观赏和体验乡村生活等，具体涉及乡村农耕文化和乡村民俗文化

少之又少。停留在初级水平且单一无特色的乡村生态旅游业，或许先开展的村落会因此得到较好的发展，但却对后面的乡村建设十分不利，甚至适得其反，浪费资源和耽误人力财力。

四、乡村振兴战略与乡村生态旅游融合发展的措施

要实施乡村振兴战略及发展乡村生态旅游业，建设乡村经济，离不开政府部门的大力支持。当地政府部门应当积极配合当地村民制定标准的旅游管理制度及设计相应的协调机制。同时需要全面规划乡村生态旅游业的发展用地，从用地、资金引入、金融扶持等方面，落实乡村发展经济建设的优惠政策，放宽乡村生态旅游业成立的审核制度和成立条件，将相应的行政审核步骤简化，大力扶持乡村振兴战略，以及乡村生态旅游业，为建设乡村经济做出有效贡献。

资金引入乡村生态旅游业是当前乡村经济建设的重大机遇，能够有效地带动乡村经济，提高国民经济总量，减少城镇与农村经济和文化的差距，为我国经济社会全面发展作出有效贡献。在此前提和机遇下，乡村生态旅游业发展却面临着缺乏运营资金的重大问题。因此，加大招商引资的力度，以当前乡村实力，引进工商资本，是加快乡村金融创新和解决乡村生态旅游业缺乏运营资金最有效的途径。

创建特色农产品乡村生态旅游业的发展面临着旅游产品单一，旅游项目同化质高的严峻问题，在此问题下，会加大乡村生态旅游业的发展难度。因此，打造不同乡村主题生态旅游和开发乡村精品旅游线路以及创建具有乡村特色养生养老基地，就成了当前乡村旅游业所需要重视的主要问题之一。由此一来，就可以有效地避免同质化严重，旅游产品单一等问题，既提高了乡村生态旅游景点的观赏性，又增加了乡村旅游的营养价值，进一步推动了乡村振兴战略的全面实施。

培养专业服务人才由于乡村经济落后，资源落后，各项基础设施不够完

善及缺乏专业的旅游服务人才，导致乡村生态旅游业的服务意识薄弱，这对乡村生态旅游业的发展是极其不利、具有重大影响的。因此，想要以全面实施乡村振兴战略和发展乡村生态旅游来带动乡村经济建设，专业旅游业服务人员的培养是必不可少的举措之一。而关于专业旅游从业人员的培养，可以从当地村民中选取。由于村民更加熟悉当地的民俗文化和生态地貌等，只要提高村民的旅游服务意识及服务水平，就可以建立起一支专业、有文化底蕴的旅游服务队伍。既解决了部分村民的就业问题，并全面提高了乡村生态旅游的质量，为乡村振兴战略的实施打下了坚实的基础，也进一步推进了乡村经济的发展和建设。

第三节　发展乡村旅游是实施乡村振兴战略的重要途径

党的十九大提出实施乡村振兴战略，明确了产业兴旺、生态宜居、乡风文明、治理有效、生活富裕的总要求。这既为做好"三农"工作指明了方向，也为如何打赢脱贫攻坚战、决胜全面建成小康社会提供了遵循。随着精准扶贫的深化，创新发展已成为新时代精准扶贫的必然要求，乡村旅游扶贫就是精准扶贫形式和内容上的创新。

乡村旅游扶贫是指在具有一定旅游资源条件、区位优势和市场基础的贫困地区，通过开发旅游带动整个地区经济发展。乡村旅游扶贫是一个长期有效的朝阳产业，是一种"授人以渔"的精准扶贫方式。

特别是革命老区，可以依托农村良好的自然资源、红色遗址、人文景观和地域风情，通过扶贫政策与项目资金的介入，带动经济结构优化调整和旅游产业培育，形成人流、物流、信息流和资金流的聚集，提升贫困区域和贫困群体自我脱贫能力与发展能力。

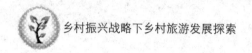

一、乡村旅游扶贫的时代意义

党的十八大以来，先后提出"绿水青山就是金山银山""望得见山，看得见水，记得住乡愁"。2015 年起，"中央一号文件"连续四年对乡村旅游进行部署，2018 年"中央一号文件"明确要求"实施休闲农业和乡村旅游精品工程，建设一批设施完备、功能多样的休闲观光园区、森林人家、康养基地、乡村民宿、特色小镇"。旅游产业是扶贫脱贫的重要支柱和建设美丽中国的助推器。2020 年前，我国政府计划通过发展旅游业使 1 200 万人口脱贫，这些人口占全国脱贫人口的 17%。旅游业特别是乡村旅游业是贫困地区增加农民收入最现实、最直接、最有效、最可持续的支柱产业。

发展乡村旅游有利于加速城乡一体化进程。依托农村区域的优美景观、自然环境、建筑和文化等资源，在传统农村休闲游和农业体验游的基础上，拓展开发新兴旅游方式，是推进农业供给侧结构性改革，推动农业迈向现代化的重要力量，也是促进城乡一体化的重要途径。改革开放以来，我国经济取得巨大进步，但城镇化的快速发展与乡村发展滞后，造成城乡"二元"经济对立。城市和乡村之间的反差，制约了我国现代化建设整体步伐。发展乡村旅游，可以加强城乡之间的联系与交流，以城镇经济反哺乡村；发展乡村旅游，可以打破农民头脑中传统观念，促进村容村貌"升级"，加速农村现代化建设。

发展乡村旅游有利于拓宽农民增收渠道。增加农民收入是推进城乡一体化的核心。发展乡村旅游就是利用农业的生产经营活动和农村自然环境与人文环境，经过科学规划整合，形成一个具有田园之乐的旅游场所。在不影响农业生产的基础上，又能增加农业的附加值，招揽、吸引城市人群休闲娱乐消费，既解决农村剩余劳力的本地安置，又能带动本地农民的收入增加。

发展乡村旅游有利于拓展新型旅游市场。乡村旅游是连接城市与乡村的一种有效手段，也是旅游市场空间新的拓展。发展乡村旅游业，将旅游业市场延伸到农村，使旅游业能够借助农业的优势发展，同时农业也能借助旅游业的优势有新的提升。乡村旅游会给广阔中国旅游市场添加一道"色彩丰富、回味无穷"的"旅游甜点"。

发展乡村旅游有利于第一、第二、第三产业深度融合。通过发展乡村旅游市场，鼓励和引导按照全产业链、全价值链的现代产业组织方式开展创业创新，以农、林、牧、渔相结合、循环发展为导向，发展优质高效绿色农业。实行产加销一体化运作，延长农业产业链条，推进农业与旅游、教育、文化、健康养老等产业深度融合，提升农业价值链。

二、乡村旅游扶贫的困难和问题

乡村旅游扶贫作为一种重要的扶贫方式，在许多贫困地区发挥其巨大扶贫功能、带来明显效益。但还应该对当前存在的一些困难和问题予以重视。

一是规划缺乏可操作性。在乡村旅游规划过程中，由于缺乏对本土资源、旅游市场及相关联产业融合的深度调研，使各个乡村规划都是应付性规划，规划的适宜性、落地性、特色性、精准度不高，缺乏核心竞争力，同质化严重、千篇一律，没有"卖点"。

二是服务管理缺乏规范性。旅游行业是综合性的产业，旅游产业与扶贫产业的融合，加大了跨行业性，交通、医疗、餐饮、住宿等多种行业的融合必然造成有利益时相争，有责任时互相推脱，系统化管理的缺乏造成责任不明。规范与质量问题成为制约乡村旅游持续发展的重要因素。

三是服务队伍缺乏人才。乡村旅游业的发展没有专业人员参与是不能提高竞争力的，也不会形成良好的产品和服务，通常人们认为只要是当地的人，熟悉当地的民风民俗，就能给游客带来不一样的体验和感受。这是乡村旅游发展中的一个误区。由于综合素质相对偏低，缺乏系统有效的培训，服务水平跟不上形势发展的需要。

三、乡村旅游扶贫的对策建议

乡村旅游扶贫是一项系统工程，也是促进区域经济协调发展的重要途径。在实践中，一定要构建发挥良好效应的乡村旅游扶贫路径。

一、要强化引领作用。始终把脱贫攻坚作为重要政治任务、头等大事和"第一民生工程"来抓，统筹制定出台政策，凝聚脱贫攻坚合力，充分发挥乡村旅游在助推脱贫攻坚中的强大带动作用。一是重点加大对贫困村发展乡村旅游的扶持力度。乡村旅游具有贫困人口参与面广、生产经营成本低、脱贫效果快、返贫率低等特点和优势。但不是所有的贫困村都适合发展乡村旅游，发展旅游扶贫必须具备相应的资源、交通和市场等要素。因此，要对适合发展旅游的乡村进行精准识别，重点加大扶持培育力度。二是加大对贫困户的重点培训。坚持扶贫与扶智相结合，着力建立把贫困群众带起来的外力机制和让贫困群众动起来的内力激发机制。按照培训一人、吸纳一人、脱贫一家的工作思路，帮助贫困户增强对乡村旅游的认识，提高参与乡村旅游发展的能力和素质，让更多贫困户融入乡村旅游经营，分享乡村旅游发展成果。三是实施引领带动。充分利用农业产业园区、专业经济合作组织，党员干部、农村能人、大学生村干部等带动作用，实施旅游创业示范工程，配套落实创业就业优惠政策措施，带动农民科学化、规模化、组织化发展旅游产业。

二、要完善基础设施。坚持政府、市场双轮驱动，加大投资力度。要结合乡村振兴、美丽乡村建设，大力推进贫困乡村旅游基础设施建设，改变交通、通信、供水、供电、环境治理、安全保障等方面的落后状况，积极完善乡村旅游接待服务设施，规范住宿设施、饮食设施、卫生设施、安全设施等建设标准要求。做到设施齐全、标准规范、健康发展，切实提升管理和服务水平，创造良好旅游环境，充分满足旅游者的多层次需求。逐步将贫困村打造成"村容整洁，环境优美，民居美化，生活文明，人与自然和谐共处"的乡村生态旅游农庄。

三、要加大环境整治。在推进旅游扶贫过程中，进一步加强对乡村自然生态和人文环境的保护，有选择地保留、有重点地保护、有计划地修缮古村寨民居、重点文物古迹、红色遗址，坚决制止破坏历史风貌的拆建。坚持不破坏环境、不浪费资源、不搞低水平重复建设，推进乡村旅游扶贫开发。加强对乡村旅游扶贫项目区农民建房的引导和管理，公路沿线、旅游村寨民居要体现区域特色。要做好当地的环保工作，维护村庄的生态平衡，保持当地的民俗风情，展现小村风景的地域色彩，塑造舒适、安全的旅游形象。

四、要创新体制机制。要深化旅游精准扶贫工作思路，创新体制机制，大力推进乡村旅游扶贫。一是建立"两瞄准、三到人、四到户"的旅游扶贫新机制，做到瞄准贫困村和贫困户，做到技术培训、服务对接和责任落实到人，推行产业规划、项目落实、资金补助和技术指导到户。二是建立全方位协作、多层面参与的立体化旅游扶贫新机制。坚持旅游扶贫与科技扶贫、教育扶贫、农业扶贫、社会扶贫等工程有机结合，实现效益最大化。三是创新乡村旅游扶贫方式。采取分类补助方式、以企带户方式、入股分红方式、租赁扶贫等方式，实现多元化旅游扶贫。四是建立合理的利益分配机制。坚持乡村旅游扶贫资源集体所有、村民共享。通过制定村规民约等方式明确并公示扶贫项目后续管护经费、利润分配等重大事项，使乡村旅游扶贫成果真正惠及贫困农户。

五、要打造旅游精品。要从贫困乡村地区旅游资源的实际出发，树立"乡村化、创意化、本土化、低碳化、景村一体化"的乡村旅游发展理念。既要保持乡土本色，凸显乡村所在地元素，充分整合乡村的自然、文化、产业和生活资源，开展主题创意和产品创新，打造能够实现旅游扶贫目标的特色乡村旅游精品。同时，又要充分贯彻低碳经济理念，以"景村共建"的模式整村推进乡村旅游进行开发建设，使乡村旅游开发与精准扶贫、美丽乡村建设融为一体，打造一批环境优美、产业发展、独具特色的乡村旅

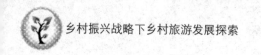

游扶贫示范村。

六、要实现"三产"融合。在旅游产品的研发和创新过程中，一定要充分挖掘贫困村的旅游资源，推进乡村旅游与农业、工业、文化产业、体育产业、养老产业、交通产业、城镇建设等联动，构建产业链条，带动蔬菜、畜禽等地方农产品的销售，促进农业种植业结构调整；带动农副产品、土特产品和旅游纪念品等旅游商品的加工销售，促进农村加工业的发展；同时也带动交通运输、商贸物流、观光旅游、休闲度假、房地产等产业的发展，实现第一、二、三产业互融互动。积极推进"乡村旅游"+"互联网"的形式，形成全新的商业模式——乡村电商、乡村旅游"智慧"服务，使乡村旅游产业成为拉动贫困村区域经济的"助推器"和"新引擎"，为当地农民创造更多的就业机会。

七、要整合资源优势。一是加大财政扶贫的投入力度。设置乡村旅游扶贫专项资金，重点向乡村旅游扶贫示范村倾斜；按照渠道顺畅、方向不变、统筹安排的原则，打好老区建设、民族发展、农民新村建设、道路通畅、饮水安全、环境整治等行业部门资金与乡村旅游扶贫项目的"组合拳"。二是拓宽乡村旅游扶贫开发融资渠道。鼓励乡村旅游区内外各类企业、社会团体、个体工商户，采取独资、合资、合作、联营、承包、租赁等多种形式参与乡村旅游扶贫开发。三是鼓励和支持项目区农民以房屋、宅基地、土地承包使用权、资金、技术等资源，采取股份制、合伙制、合作制等形式，培育自主经营、自负盈亏、自我发展、自我约束、富有活力的旅游服务经济实体，创新"公司+农户""公司+合作社"等扶贫开发方式，提高乡村旅游扶贫的组织化程度，形成规模化、集约化经营。

八、注重人才培养。发展旅游扶贫不仅需要各类经营管理人才，还需要旅游产品开发、市场信息分析、传统技艺、农家菜肴研究等多方面的专业人才。要把旅游经营管理者特别是农家旅馆、农家乐从业人员作为培训的重点，选择正规的培训机构，进行旅游政策、市场营销、经营管理、服务礼仪、传统技艺、旅游商品设计等培训，轮流组织他们到旅游成熟景区实地学习考察，下功夫建设一支素质高、专业能力强的旅游人才队伍。同时，还要加强对贫困地区农民的乡村旅游和环境意识的教育，营造和谐亲善的旅游环境。

九、严格规范管理。一是建立健全乡村旅游扶贫管理体系。把乡村旅游扶贫纳入农村扶贫开发法律法规管理体系，实现乡村旅游扶贫"粗放式管理"向"依法扶贫"规范管理转变升级。二是明确乡村旅游扶贫资金支持的对象和范围。建立和完善乡村旅游扶贫项目资金申报审批、管理使用、检查验收、激励处罚、纠纷处置制度。三是走专业合作化道路。以村为单位成立乡村旅游扶贫专业合作社，发挥其在市场开拓、质量管理、教育培训、价格管理、投诉处理、利益分配等方面的作用。通过"合作社＋示范户"的模式，实行"四统一"规范运行管理。即统一标识标牌，增加游客的认同感；统一星级评定，提升竞争意识；统一收费标准，避免恶意抬价和杀价；统一客源分配，避免拉客抢客纠纷。

第四节　乡村旅游与乡村振兴战略关联性研究

乡村振兴战略，是决胜全面建成小康社会、全面建设社会主义现代化国家的重大历史任务，是新时代做好"三农"工作的总抓手。本节通过分析乡村衰落现状和乡村旅游发展面临的困境，探讨了乡村旅游与乡村振兴战略的关联性。乡村振兴战略的提出，既是新时代我国社会主要矛盾转化对我国农业农村农民发展提出的新要求，也是对城市化和工业化快速发展背景下乡村衰落现象的全面提振。乡村旅游对于落实农业农村产业兴旺、生态宜居、乡风文明、治理有效、生活富裕的总要求，以及乡村振兴战略的早日实现具有不可替代的意义。对此，乡村旅游要充分把握乡村振兴战略这一政策机遇，充分发挥其在乡村振兴中的驱动作用，积极克服乡村旅游发展中的瓶颈因素。

党的十九大提出实施乡村振兴战略，深刻把握现代化建设规律和城乡关系变化特征，顺应亿万农民对美好生活的向往，对"三农"工作做出的重大决策部署，是决胜全面建成小康社会、全面建设社会主义现代化国家的重大历史任务，是新时代做好"三农"工作的总抓手。

实施乡村振兴战略，就是要坚持农业农村优先发展，按照产业兴旺、生态宜居、乡风文明、治理有效、生活富裕的总要求，全面推进农业农村现代化。乡村旅游作为乡村振兴战略产业带动的有机组成部分，既是乡村振兴新的经济增长点，又具有产业带动、扩大农村劳动力就业和增加农民收入的综合效应。一方面乡村旅游以资源和市场为导向，在促进乡村旅游规模化、集约化发展的同时，能够有效地解决区域性贫困问题。另一方面，乡村旅游能够持续拓宽农民增收渠道，有效提高农民收入，缩小城乡差距。相比较于从事农业生产和外出打工，乡村旅游不仅能够实现农民"离土不离乡"的就业体验，在提高农民获得感，增进农民就业保障方面也有着显著的优势，对于乡村振兴战略具有重要意义。

在新农村建设和乡村振兴实践中，乡村旅游因其带动能力持久、产业融合性好和发展适应性强的特点，在促进农业产业转型升级、提高农民收入和解决农村就业等方面扮演着重要角色，发挥着不可替代的作用。但是，随着近年来乡村旅游产业规模不断扩大，其自身发展中存在的问题也日益显现。对此，本节基于我国乡村衰弱的成因及乡村旅游发展在现阶段面临的瓶颈，深入分析乡村旅游与乡村振兴战略的关联性及其内在逻辑关系，为乡村旅游持续健康发展提供政策建议。

自乡村振兴战略实施以来，相关的理论研究和实践大量涌现，主要体现在乡村振兴战略内涵阐释、乡村振兴实践经验归纳与乡村振兴政策机制研究等方面。

在乡村振兴实践经验归纳方面，国内学者主要是归纳总结国外乡村发展经验，并结合我国乡村发展的现实情况为我国乡村振兴提供经验借鉴和理论帮助。刘震对日本乡村建设经验进行了观察与梳理，通过观察发现，日本在乡村建设的不同阶段多次调整其政策目标，以期更好地满足城乡居民的不同需求。他认为，我国在乡村振兴战略实施方面应当借鉴日本的成熟经验，从城乡统筹出发，促进城乡协调发展，最终实现城乡一体化。龙晓柏等研究了英国乡村经济结构的演变历程，他们发现，英国乡村发展得益于高附加值产业的兴起，乡村旅游在其乡村建设过程中扮演着举足轻重的角色。

在乡村振兴政策机制研究方面，姜德波等探究了我国乡村衰落的原因，认为乡村衰落即是历史原因造成的，同时市场经济因素在乡村衰落过程中也起到了推波助澜的作用。他们基于政策制定者的角度为乡村振兴战略的实施提供了政策建议。郭晓鸣等认为，实现乡村振兴战略的根本渠道是推动城乡之间的融合发展，在具体措施方面则应壮大集体经济规模，激活乡村各类建设主体的活力。在此基础上，他们进一步分析了乡村振兴战略的理论逻辑与现实逻辑。唐任伍等则通过选取国内乡村振兴的具体案例，考察不同主体在乡村振兴过程中的作用。他们认为，不同主体主导下的乡村振兴实践会对乡村振兴的结果产生不同的影响。在众多主体中，选择乡村集体主导乡村振兴实践会让乡村发展更具"韧性"，更能够充分发挥乡村社会不同主体的积极作用，保持乡村振兴的可持续性。

一、乡村旅游与乡村振兴关联性研究综述

乡村旅游在促进城乡均衡发展、加速农村脱贫致富和振兴乡村文化等方面具有积极意义。根据"十三五"规划，到 2020 年我国要建成 15 万个乡村旅游特色村，实现乡村旅游收入 1 万亿元。在此背景下，我国乡村旅游业进入了一个蓬勃发展的时期。然而，高速发展的乡村旅游也面临着发展的瓶颈和局限。王倩颖等的研究发现，我国乡村旅游产品结构单一，乡村旅游发展缺乏科学规划，目前，仍处在"粗放式"的发展阶段。邱雪超的研究从乡村

基础设施的角度切入，关注了我国乡村旅游发展所面临的困境，他认为，我国乡村旅游在游客接待能力、旅游服务水准、旅游项目开发和市场拓展等诸多领域都存在发展瓶颈，这些问题都严重地制约着我国乡村旅游"质"与"量"的进一步提升。

对于乡村旅游与乡村振兴的关联性研究目前尚属新兴领域，既有的文献主要集中在乡村旅游如何促进乡村振兴方面，对于乡村振兴和乡村旅游相互影响及其作用机制研究不足。颜文华梳理了国外乡村旅游的发展变迁，通过研究发现政策扶持与行业协会推动是国外乡村旅游驱动乡村振兴的共同经验，我国也应加强相关措施的推进，切实发挥乡村旅游在乡村振兴过程中的驱动作用。李保玉则将我国乡村旅游发展分为三个阶段，通过考察不同阶段乡村旅游与乡村振兴的联动关系，他认为在乡村振兴的背景下乡村旅游的发展要坚持绿色发展理念，遵循农村发展规律。

通过对以上文献的梳理归纳不难发现，乡村旅游作为乡村振兴的重要途径，在乡村振兴战略实施过程中发挥着不可替代的作用。同时，要厘清乡村旅游与乡村振兴的耦合影响机制，必须从乡村振兴战略提出的背景出发，结合乡村旅游发展过程中所面临的困境进行关联性研究。

二、乡村衰落与乡村旅游发展困境

"小康不小康，关键看老乡"。乡村振兴战略的提出，既是新时代我国社会主要矛盾转化对我国农业农村农民发展提出的新要求，也是对城市化和工业化快速发展背景下乡村衰落现象的全面提振。我国是农业大国，即使我国城镇化率已经从 2008 年的 46.99%上升至 2018 年的 59.85%，城乡发展也不可偏废，任由乡村衰落也绝不是决胜全面建成小康社会的可能选项。

新中国成立以来，我国乡村发展大致经历了三个历史阶段。第一阶段从建国初期至改革开放前夕。这一时期党和政府为了改变旧中国贫穷落后的局面，加速实现工业化，通过计划经济"工农产品剪刀差"的政策调控，建立起了相对完整的工业体系。这一政策虽然为我国工业化起步提供了大量的原始积累，解决了工业化进程中资金短缺的问题，但也偏离了我国工农业按比例协调发展的方针路线，造成我国农业农村发展滞后。尽管至1978年年末我国工业产值占国内总产值的比重已由30%提高到了72%，工业发展速度远远超过了农业发展速度。但是，受到户籍制度、分配制度、保障制度等制度的影响，这一时期我国城乡实际上形成了相对隔离的二元社会，劳动力资源无法在城乡之间有效配置，造成农村劳动生产效率低下，农村农民生活处于相对贫困的状态。第二阶段从改革开放初期至20世纪末。党的十一届三中全会后我国开启了以农村家庭联产承包为主要内容的经济体制改革，农村逐步实行以家庭联产承包为主的责任制，包产到户，"交足国家的，留足集体的，剩下都是自己的"。受益于农村家庭联产承包责任制的推行和乡镇企业雨后春笋般的涌现，我国农业生产得到了大发展，农村开始富裕起来，城乡之间的隔离状态逐渐被打破，户籍和人口流动限制在一定程度上有所松动。在撤社设乡及加快城镇化建设政策的推动下，大量农村剩余劳动力进入城市，在向城镇化建设提供大量劳动力的同时，很大程度上也缓解了农村劳动力剩余和农民增收的问题。这一时期，我国农村生产效率和农民收入不断提高，农民的生活水平得到了空前的改善，农村的经济社会发展迎来了"小阳春"。第三阶段为进入21世纪以来。随着我国户籍制度的进一步改革和加速城市化进程的政策相继出台，大量农村青壮年人口离开农村进入城市，我国农村开始出现"老龄化"和"空心化"现象。同时，市场经济和工业化建设的迅猛发展，大量乡镇和集体企业由于缺乏竞争优势相继倒闭。尽管近年来我国加大了对农业农村的政策扶持力度，推行"工业反哺农业"政策，但是由效率竞争形成的资源分配格局并未发生扭转，在吸引人才、资金、技术等资源方面，农业农村正在不断地被边缘化，乡村衰落渐现端倪。

目前，我国乡村衰落主要表现在以下几方面。一是农村人口结构失衡。农村人口结构失衡既表现为农村人口年龄结构的失衡，又表现为农村劳动力素质结构的失衡。城市化的高速发展为农村青壮年劳动力提供了大量的就业机会，许多年轻人不愿意留在乡村发展，大量农村人口外出打工或移居城市，导致农村人口"老龄化"现象过早地出现。同时，农村人口受教育水平较低，缺乏专业技能，而较低水平的农村生活也难以吸引外来人才驻留。人口是乡村振兴的根基，乡村人口的不断流失导致乡村衰落不可避免。另外，没有高素质、懂技术、会管理的人才投身乡村建设，乡村振兴也很难落地。二是农村经济发展水平滞后。我国农业的基本特点是人稠地狭、农业投资风险与收益失衡，这是长期制约我国农业现代化发展的因素之一。由于市场资源配置不完善，大量资源从农村流出向城市，从而造成农村产业结构单一，农业发展缺乏产业支撑的局面。建成现代化的农业产业体系是实现乡村振兴的必要条件，因此在大力吸引各种资源向农业农村汇集，努力培育和发展农村第二、三产业的同时，还要不断地促进农业农村不同产业之间的融合。三是乡村文化凋敝。乡村是中华优秀传统文化的发源涵养之地，乡村文化在生活实践中维系着人们的生产和生活秩序。乡村文化是乡村及农民赖以生存的精神依托和意义所在。近年来随着城市化的波及和大量青壮年人口的流出，乡村文化的认同感受到了严重的冲击，乡村文化难以传承。同时，各种承载着乡村文化的技艺、风俗面临失传。四是乡村社会治理体系存在隐患。大量外出务工人员和农村留守群体的出现，冲击了乡村原有的社会秩序，传统农村稳定的家庭结构日渐瓦解，而且伴随着城市规模的扩张，房屋拆迁、土地征用等利益冲突导致农村群体事件频发。基层政府和村民自治组织应对能力不足，缺少必要的人力和财力，很难对乡村进行科学有效的治理。五是生态环境恶化。乡村本应是人与自然和谐相处的乐园，但是由于农村治理能力低下，乡村发展缺乏科学合理的规划和有效的监管，部分农村生态环境遭到严重破坏。其实，导致农村环境污染的不仅限于生活垃圾排放和秸秆柴草焚烧，更重要的是农业生产过程中农药、化肥等各种面源污染物造成污染。农村生态环境日益严峻，不仅恶化了农业农村赖以发展的环境，同时也严重威胁着农村居民的身心健康。

乡村旅游是绿色发展理念指导下催生的新兴产业,与农村经济社会、文化环境等具有很强的兼容性,在解决"三农"问题方面具有不可替代的作用。乡村旅游要充分把握乡村振兴战略这一政策机遇,充分发挥其在乡村振兴中的驱动作用,积极克服乡村旅游发展中的瓶颈因素。我国乡村旅游发展面临的主要问题:

第一,同质化现象严重。乡村旅游的核心是通过乡村文化和自然风光吸引城市居民观光旅游,但是,目前我国乡村旅游"粗放式"的发展模式导致乡村旅游项目千篇一律,同质化现象严重,有些乡村旅游项目甚至出现过分模仿城市旅游的现象,各类乡村旅游设施单调乏味,破坏了乡村旅游和谐自然人文环境,旅游者难以得到乡村文化和原生态旅游的良好体验。第二,乡村旅游基础设施不完备。多年来乡村建设速度缓慢,许多与乡村旅游配套的公共服务设施匮乏,难以满足乡村旅游发展的需要,主要表现在交通设施落后与医疗卫生设施匮乏方面。乡村道路及停车场等交通基础设施的落后直接影响了乡村旅游市场的拓展,旅游基础设施直接联系着乡村旅游的供需两端,当联系乡村旅游市场供需两端的"桥梁"被阻断,乡村旅游也就难以持续发展。而医疗和卫生设施的落后更为旅游者增添了后顾之忧,尤其是住宿条件、餐饮卫生是乡村旅游不可或缺的基本要件,其服务水平和卫生状况将直接影响乡村旅游的整体体验和质量水准。第三,缺少专业性人才。在乡村旅游快速发展的同时,人才匮乏问题也日益突出。目前乡村旅游的从业人员大多是本地土生土长的农民,他们缺乏必要的专业知识和服务技能,在乡村旅游产品的开发、旅游市场拓展和日常经营管理方面显得有心无力。虽然乡村旅游产业未来的发展前景广阔,但受制于乡村基础条件和生活水平,乡村旅游还是很难吸引到高素质的旅游管理人才。

深入探究乡村衰落现象和乡村旅游面临的困境,可以发现两者具有很强的关联性。乡村振兴的关键是构建现代农村产业体系,乡村衰落的根本原因也是第一、二、三产业未能在农村协调发展的结果。首先,乡村旅游作为新兴的服务业,其发展可以对农村的餐饮、住宿、交通、农产品种植等多个行业形成拉动效应。其次，政策因素在乡村振兴和乡村旅游的发展过程中起着关键性的引领作用，政策的变化往往会对乡村振兴和乡村旅游产生同向影响，两者存在一荣俱荣一损俱损的共生关系，因此相应的政策要像农业联产承包责任制一样具有长期稳定性。再次，乡村旅游在市场产品开发方面所面临的困境可以通过充分挖掘乡村文化内涵、修复乡村生态环境等措施进行破解，这些相互关联的举措无疑将有助于促进乡村旅游的发展，同时对于改善农村生态环境，提振乡村文化，防止乡村衰落都具有积极的意义。

三、乡村旅游与乡村振兴的关联性

总体上说，乡村振兴战略既是乡村旅游发展的政策基础，同时也为乡村旅游的进一步发展提出了新要求。乡村振兴战略通过协调调动乡村旅游发展各主体的能动性，共同驱动乡村治理建设与乡村旅游发展。乡村旅游对于落实农业农村产业兴旺、生态宜居、乡风文明、治理有效、生活富裕的总要求和乡村振兴战略的早日实现具有不可替代的意义。

（一）乡村振兴战略驱动乡村旅游发展

乡村振兴战略从多角度、多领域规划了未来我国农村、农业和农民发展的方向。乡村是乡村旅游的重要载体和主要活动场所，乡村振兴战略包含着乡村发展中经济、文化、环境、治理等多方面内容，因此乡村旅游的发展不仅要服务于乡村发展中的这些领域，而且乡村旅游要围绕乡村振兴战略谋篇布局。2018年1月发布的中共中央、国务院《关于实施乡村振兴战略的意见》指出，乡村振兴必须秉持绿色生态发展的理念，助推乡村旅游发展，充分挖掘乡村旅游的经济效益，建设一批结合乡村特色的优质旅游项目，促进乡村产业升级与融合，为新常态下乡村发展培育新动能。乡村振兴战略确立的农业农村优先发展地位表明，我国正在积极扭转以往城乡资源分配不公的格局，同时乡村振兴战略为乡村旅游的持续健康发展提供了政策保障。未来在政策扶持和市场配置双重作用下的农村农业发展，乡村建设必将吸引大量的社会资源进入该领域，而乡村旅游作为依托乡村建设发展起来的新兴旅游产业也必然受益于乡村振兴战略的实施。乡村振兴战略的实施除了将进一步确立乡村旅游发展的市场主体地位以外，对于乡村旅游发展出现的不规范、不科学、不经济等问题，则可以通过乡村振兴战略的逐步推进和政策扶持来补齐短板。特别是在乡村基础设施建设领域，通过完善农村公共品的提供加强乡村基础设施的建设，改善农民生活质量，包括兴建和改扩建适应乡村旅游的公路基础设施，农家卫生设施的改善，将生态文明建设、美丽乡村建设与乡村旅游环境提升统筹考虑，整体部署，协调推进。在大力引进资金、技术和装备的同时，更重要的是要引进服务乡村旅游发展的经营管理人才，通过高端经营管理人才的引进和乡村旅游从业人员队伍的优化，按照乡村振兴战略的总体要求，推动乡村旅游持续健康地发展。

（二）乡村旅游发展助力乡村振兴战略实现

乡村旅游是乡村文化、自然资源与现代旅游形态的有机结合，近郊度假村、休闲农家乐、传统文化村、生态采摘园等多种乡村旅游形式已为市场和旅游者所熟悉。乡村旅游发展涉及多种产业，也赋予了乡村旅游多维度拉动乡村振兴战略实现的能力。一是乡村旅游有利于农村产业结构的优化。乡村旅游能够充分利用农村本地资源，为农民兴业创业、增产增收创造机会，通过消除贫困、改善民生，实现城乡均衡发展。产业兴旺是乡村振兴战略的具体要求，也是乡村振兴的基本保证，农村产业兴旺既有创新产业的蓬勃发展，也有传统产业的优化升级。在乡村旅游的带动下，传统农业将迎来更广阔的空间实现产业结构的转型升级，一方面，乡村旅游的带动作用有利于增加农产品附加值，通过提高农业生产效率推动农业现代化的进程。另一方面，乡村旅游上下游产业涉及广泛，在拉伸延长农产品产业链的基础上，努力实现农业与相关产业的融合。二是乡村旅游有利于改善乡村环境，建设美丽乡村。

"绿水青山就是金山银山"，乡村旅游的健康发展离不开绿水青山的生态环境。乡村振兴战略指导下的生态宜居就是不能靠破坏生态环境来换取短期的经济利益，乡村旅游同样不能走先破坏后补偿传统老路。乡村旅游要在新发展理念的指导下为乡村治理探索一条绿色的发展道路，绿水青山与金山银山不再是乡村发展中艰难抉择的鱼与熊掌，而是和谐共生的发展关系，两者共同促进乡村振兴的实现。三是乡村旅游有助于传承乡村文化，构建文明乡村。乡村文化是城市化进程中难得的精神净土，是维系乡愁情感的文化依托，是乡村文明赖以生存的根源，乡村文化的传承和保护也是乡村振兴的重要内容和环节。近年来，我国乡村出现的衰落现象，不仅表现在乡村物质条件的落后，更是乡村文化的失落。对此，乡村旅游要担起乡村文化传承的重任，一方面，乡村旅游可以为优秀乡村文化的传播拓展渠道，通过游客的旅游体验感受乡村文化特有的魅力；另一方面，通过乡村文化的传承展示激发当地村民的文化自信，形成乡村文化的保护意识，最终形成文化传承与乡村旅游的良性互动。

四、发展乡村旅游的政策建议

乡村振兴战略，是决胜全面建成小康社会、全面建设社会主义现代化国家的重大历史任务，是新时代做好"三农"工作的总抓手。乡村振兴战略的提出，既是新时代我国社会主要矛盾转化对我国农业农村农民发展提出的新要求，也是对城市化和工业化快速发展背景下乡村衰落现象的全面提振。乡村旅游对于落实农业农村产业兴旺、生态宜居、乡风文明、治理有效、生活富裕的总要求，以及乡村振兴战略的早日实现具有不可替代的意义。对此，乡村旅游要充分把握乡村振兴战略这一政策机遇，充分发挥其在乡村振兴中的驱动作用，积极克服乡村旅游发展中的瓶颈因素。相关的政策建议。

（一）创新乡村旅游项目，实现乡村旅游可持续发展

创新乡村旅游项目的关键就是要因地制宜，深度结合当地人文自然特色，改变目前乡村旅游项目同质化现状，让旅游者真正感受到乡村文化的独特魅力，体验乡村绿色自然的生态环境。乡村旅游在大量吸引城市游客的同时，也要加强乡村人文自然环境的保护，这是乡村旅游可持续发展的关键。乡村旅游项目创新还要与传统农业有机结合，通过绿色农业绿色农产品让游客体验绿色旅游的乐趣，这不仅可以丰富乡村旅游的内容，而且能够促进农村产业融合，推动传统农业的转型升级，实现可持续发展。

（二）加强政府监管职能，合理规划乡村旅游

乡村旅游服务质量的提升，一方面受制于乡村基础设施条件；另一方面需要政府职能部门对乡村旅游服务质量加强监管。我国乡村旅游地域分布散、经营主体规模小，行业监管难。由于乡村旅游行业缺少规范的行业标准，服务收费和游客体验常常纠纷不断，这不利于乡村旅游的健康发展。要促进乡村旅游的可持续发展必须严格落实政府职能部门的责任，加大对乡村旅游的行业监管力度，制定统一的行业标准。同时，要避免乡村旅游"粗放式"地发展，对旅游景点建设要进行科学规划，合理利用乡村资源，在保护和改善乡村环境的基础上，拓展乡村旅游的发展空间。

（三）加强基础设施建设投入，创造良好的乡村旅游发展环境

首先，要增加乡村地区基础设施公共品投入力度。我国乡村旅游项目大多分布于山区、丘陵等地形环境复杂交通不便的地区，这不仅给游客出游造成困难，同时也限制了乡村旅游市场的拓展。因此，地方政府要加强农村地区交通基础设施的建设，不仅要建设联系乡村旅游景点和城市的交通网络，对乡村旅游景点周边也要合理规划建设停车场等交通辅助设施，为游客带来舒适方便的出行体验。其次，地方政府要借助乡村振兴战略的实施，加强乡

村规划治理，改善乡村风貌。乡村治理一直是政府社会治理的短板，对于城市旅游者来说，体验乡村旅游最先感受到的就是村容村貌。因此，要合理规划农村民居道路的建设，让农村在保持乡土特色的基础上，给游客以耳目一新的旅游观感。农村公共卫生方面也要加强基础设施的建设，根据乡村旅游的需要合理设置垃圾回收场所和公共厕所，让游客以舒适平和的心情感受乡村文化和环境的魅力。

第五章　乡村振兴战略背景下乡村旅游转型升级

第一节　乡村振兴战略下乡村旅游发展的新路向

　　乡村旅游与乡村振兴战略存在着耦合联动关系，乡村旅游落实乡村振兴战略，乡村振兴战略助推乡村旅游发展。自 20 世纪 80 年代以来，我国乡村旅游先后经历了从无到有、从弱到强、从小到大、从一元到多元、从自发到自觉、从无序到有序、从异步到同步的发展历程。本节总结了我国乡村旅游发展的三个阶段，提出新时代乡村振兴战略下乡村旅游发展须树立绿色发展理念，注重自然人文并存，坚持融合发展原则，遵循农村发展规律。

　　党的十九大报告明确指出，中国特色社会主义已经进入新时代，社会的主要矛盾也发生了重大改变。城乡发展失衡和农村积贫积弱的现实是决胜全面建成小康社会与实现中华民族伟大复兴的最大障碍，基于此，"乡村振兴战略"得以实施。实施乡村振兴，关键在于大力发展乡村产业，不断推动乡村生态资源向乡村经济产业转化。乡村旅游不仅是乡村振兴的关键内容，还是乡村振兴的发动机和助推器。作为乡村产业的新生形态，乡村旅游和乡村振兴战略互相兼容、相辅相成，在自然生态环境保护、农村基础设施建设、农业多种功能转换、农民就业途径拓宽、城乡要素多元流动等方面发挥着不可替代的作用，应为乡村振兴的主体产业。新时代，乡村旅游唯有抓住乡村振

175

兴战略的时代背景与政策机遇，迎势而上，主动作为，积极转型，才能更好更快地发展。

一、乡村旅游与乡村振兴战略的耦合联动

（一）乡村旅游落实乡村振兴战略

乡村旅游将乡村生态资源与各种旅游形态相结合，通过农业产业化，催生出绿色食饮、民宿游、风情文化、农家乐、洋家乐等多种旅游业态，从而带动农民进步和农村发展，从多个方面落实乡村振兴战略。一是乡村旅游有利于优化调整农村产业结构，拓宽农业功能。在乡村旅游巨大经济利益带动下，传统农业单一的种植功能的经济根基不断丧失，多种功能业态并存的现代农业逐渐形成，开发出原始部落游、假日乡村游、采摘瓜果游、垂钓鲜食游、休憩养生游、运动康健游、民俗体验游、劳作教育游、低碳体验游等多种新兴的旅游业态，改变农业的传统业态，不断推进农村产业的优化升级和结构调整。二是乡村旅游有益于打造生态宜居之所，建设美丽乡村。乡村旅游的兴起与火爆，一方面离不开绿色健康的自然生态环境和浓郁舒心的乡土人文风情，另一方面还需以完善农村基础设施和良好畅通的交通条件为依托。乡村旅游的发展不仅能激发农民保护自然地理生态环境和社会人文生态环境的积极性与主动性，还能够助推农村交通运输条件的改善和基础设施设备的健全，从而有益于美丽乡村建设。三是乡村旅游有助于延续乡土文化，培育文化乡村和文明乡民。乡土文化是乡村的灵魂，乡土文化的保护与传承是乡村振兴的重要领域与核心环节，乡村的衰落不仅表现在外在的房屋瓦舍、道路田野的颓败与荒芜，更是体现于内在的乡土文化危机、民俗风情消亡、传统故事遗忘、巧人能匠流失等方面。乡村旅游属于市民高层次的精神消费，乡土文化作为乡村精神的集中表达与外部呈现，备受游客青睐，理应成为最宝贵的乡村旅游资源。发展乡村旅游，需要乡民增强传统乡土文化自信，主

动承担起保护、传承和创新优秀乡土文化的重任。

（二）乡村振兴战略助推乡村旅游发展

根据中共中央、国务院《关于实施乡村振兴战略的意见》，"乡村振兴须依托绿色生态发展理念，充分发挥旅游产业的经济效益，大力发展乡村旅游，实施乡村旅游精品工程和农业休闲观光、康健养生、民俗村落等特色项目，不断推动资源融合和产业转型升级，寻找乡村发展的新动能"。乡村振兴战略为乡村旅游发展提供了良好的发展环境和坚实的政策保障，使乡村旅游迎来了难得的发展契机。一是乡村振兴战略有助于保护健康宜居的自然生态环境，助力乡村旅游发展。相比城市，乡村最大的资源优势和宝贵财富在于自身拥有生态宜居的自然环境，这是乡村的竞争力所在，是吸引大量游客到来的必要条件，也是乡村旅游兴起、发展的基础与前提。乡村振兴战略倡导乡村绿色发展，禁止触碰生态红线和环境保护的道德底线，坚守绿水青山就是金山银山的发展理念，致力于经济发展与环境保护的协同共赢，这必将有利于保护乡村自然环境，不断优化乡村产业结构，从而进一步推动乡村旅游发展。二是乡村振兴战略有助于完善农村公共服务，切实保障乡村旅游发展。作为一种新兴的产业形态，乡村旅游产业是一项集吃、住、游、玩、行、购、摄等的综合性产业，乡村旅游的快速发展与健康运行离不开完善的基础设施、良好的公共服务、便利的交通运输、和谐的人际关系、健全的信息网络、精良的专业人员、科学的管理组织、充裕的资金保障等诸多因素。乡村振兴战略指明，要坚定不移地走中国特色社会主义乡村振兴道路，坚持农业农村优先发展，着力解决好"三农"问题，拓宽农业产业发展前景，增强农民职业吸引力，建设美丽乡村，并"通过资金投入、要素支持、人才支撑、队伍优化、公共服务完善、领导干部配备等多方保障，弥补农业农村发展短板"，从而实现乡村振兴。乡村振兴战略的实施不仅给乡村旅游发展提供了强力的政策支撑，还为其带来了资金、人才、设施、服务等良好的条件保障，确保乡村旅游绿色、健康、持续快速发展。

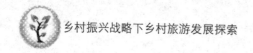

二、我国乡村旅游发展的历史变迁

（一）农家乐形成：乡村旅游的起步阶段（1988—1999 年）

乡村旅游作为一种旅游形态，起源于 19 世纪的欧洲。相比国外，我国乡村旅游起步较晚，其萌芽可以追溯至 20 世纪 50 年代的山东省石家庄村的外事接待。正式的现代乡村旅游起步于 20 世纪 80 年代末期，以 1988 年深圳首届荔枝节的成功举办为标志。改革开放初期，个别临近新兴工业城市与发展较快城市且景色优美的农村地区依托自身资源，自发组织并实施了乡村旅游活动，逐渐出现了休闲观光、田园风情、农家乐等旅游业态。当时，处于改革开放前沿阵地的深圳为了吸引更多商家投资，尝试着举办了首届荔枝节，不久又策划了采摘园，收获了巨大的经济效益。此后，全国多地不断效仿，争相创建特色鲜明且充满乡土风情的休闲观光旅游项目，乡村旅游遍地开花，逐渐造就了一批闻名四方的乡村旅游示范点，如四川成都龙泉驿书房村的桃花节、贵州的民族村寨游等。乡村旅游从民间自发组织起步，引起了地方政府继而中央政府的重视。政府的介入使得乡村旅游走向了规范化管理阶段，一改先前的无序混乱，追求规范科学，乡村旅游逐渐做大做强。1998 年国家旅游局依托乡土情怀深挖农家特色，大力推出农家旅游主题项目；1999 年国家旅游局再次提出并举办生态旅游年主题活动，倡导人们提高环保意识，助推乡村旅游可持续发展。乡村旅游逐渐由自发走向自觉、从被动走向主动。

（二）民宿游兴起：乡村旅游的发展阶段（2000—2010 年）

随着经济发展与收入提高，人们对乡村旅游的消费需求与日俱增，乡村旅游赢得了巨大的发展空间。2000 年以后，我国的工业化与城市化进程提档增速，劳动力转移迫在眉睫，大量闲暇农民纷纷进城务工，开阔眼界，增长见识。2008 年世界经济危机的发生，使农民工进城打工与回乡就业或自主创业同时并存。个别有经济头脑的农民工凭借其进城务工所获取的资金积累及其对市民旅游消费需求的信息掌握，借助政府的政策引领与技术支持，尝试返乡创业，开发乡村旅游。此外，城市化进程的加快，使众多市民精神压力增大，生活质量下降，渴望拥有舒适安宁、释放压力之所，而乡村人的亲近自然、安静和谐、至朴至简、悠然安逸的生活方式刚好切合其旅游需求，乡村旅游自然成为首选。与出国或出境旅游相比，就近随行的乡村旅游因其自由灵活、便捷迅速、手续简单、费用低廉、绿色低碳、体验无限等特性，备受游客青睐。从旅游业态的核心构成看，这一阶段的乡村旅游突破了起步阶段的"农家乐"发展模式，新增了"民宿游"业态。相比初级简单、机械僵化、临时过渡性的农家乐旅游模式，民宿旅游可谓升级版的农家旅游，是一种休闲娱乐、休憩度假、康健养生的更高更深的旅游业态。在民宿旅游的视域中，乡村中的一山一水、一花一草、一枝一木、一果一蔬、一砖一瓦、一风一俗、一文一墨、一情一意等皆为旅游资源，极大地丰富了旅游产品，拓宽了乡村旅游空间。

（三）多元业态并存：乡村旅游的快速发展阶段（2010 年以后）

2010 年以后，尤其是党的十八大以来，随着人民收入和生活水平进一步提高，我国乡村旅游步入了"快车道"，进入了全面快速发展时期。据智研咨询集团《2017—2023 年中国乡村旅游行业分析及投资前景分析报告》数据显示，"2012 年中国城镇居民人均可支配收入约为 2.5 万元，他们利用休闲时间进行乡村旅游的平均比例为 63%，到 2017 年城镇居民人均可支配收入升至约2.6 万元，而其利用休闲时间进行乡村旅游的平均比例也提高到了 73%"。近年来，中央政府对乡村旅游给予了高度重视与强力扶持，出台了许多政策文件。如 2016 年"中央一号文件"明文规定，各地应根据自身实际情况，依托本地特色资源优势，采取多种方式和多种途径，合理规划、科学调控、全面引导乡村旅游发展，着重发展乡村旅游业；2017 年"中央一号文件"同样对乡村旅游发展给予了极大关注，明确提出乡村旅游发展应坚持同步发展、一体化发展的基本理念，遵循融合发展的基本思路，尝试开展"旅游＋""生态＋"等多种运作模式，大力促进农林、教育与文旅等多种产业之间的深度融合与创新发展，丰富乡村旅游资源，大力发展乡村旅游产业；党的十九大提出了乡村振兴战略，再次明确乡村旅游在转变农业经营方式、优化农业结构、增加农民收入、重塑农村格局、实现农村繁荣等方面起着不可替代的作用，各级政府应高度重视和积极扶持本地乡村旅游。与此同时，乡村旅游市场不断繁荣。国家旅游局数据显示，2015 年乡村旅游共接待游客约高达 22 亿人次，旅游创收约为 4 400 亿元，相关从业人员约 790 万人，其中农民从业人员为 630 万人，累计 550 万农户受益；2016 年乡村旅游累计接待各地游客 21 亿余人次，旅游创收高达 5 700 亿元，相关从业人员约 845 万人，共计 672 万农户受益。从旅游业态的主要构成看，这一阶段的乡村旅游突破了农家乐、民宿游等单一的旅游模式，开发出森林观光、溪河垂钓、田野采摘、徒步攀岩、山地骑射、劳作教育等多元旅游业态，加速了乡村旅游全面发展。

三、乡村振兴背景下乡村旅游发展的路向转型

（一）从"重金山"到"重青山"：树立绿色发展理念

人类文明历经黄色的农业文明与黑色的工业文明，逐渐过渡到了绿色的生态文明。坚持绿色发展，走向生态文明，不仅是时代的要求，更是历史的必然。历届中央政府都高度重视环境保护与生态文明，发展农业与工业经济需要树立绿色发展理念，发展旅游经济更要将这一理念贯彻到底。乡村振兴一定要绿色振兴，乡村发展亦要可持续发展。乡村旅游作为乡村振兴重要一环，只有树立绿色发展理念，才能获得源源不断的发展动力；只有保护好乡村自然生态环境，才能保护好乡村的生产力；只有不断改善乡村自然生态环境，才能更好地发展乡村生产力，实现乡村振兴。绿水青山是农村的核心竞争力所在，是农村最为基础、最为重要的旅游资源，是吸引游客前来旅游的

底色和保障，是发展乡村旅游的基础和前提。长期以来，乡村旅游往往存在盲目发展、过度开发、污染环境、破坏生态等诸多问题，这种拿青山绿水换金山银山的做法无异于竭泽而渔，不可持续。当下，发展乡村旅游业，实现乡村旅游的绿色、生态、健康、可持续发展，离不开良好优美的自然生态环境。只有优先保障绿水青山，才能在乡村旅游中获取更多的金山银山。

（二）从"卖风光"到"卖风情"：注重自然人文并存

在旅游学与地理学视域中，风光和风情内涵迥异。风光特指自然风光，常常用来形容原始的或保留完好的未被人为开发、破坏的自然景象，如高山峻岭、深沟险壑、湖光山色、悬河瀑布、溪水潺湲、雾气升腾、大雨滂沱、细雨绵绵、阴云密布、风轻云淡、朗朗晴空、壮丽日出、夕阳西下、皓月当空等；风情则侧重于社会人文景象，在自然风光之中注入了人文因素，体现了人类积极作为、认识自然、改造自然的主观能动性。自然景观与人文景观共同构成了乡村旅游景观，是乡村旅游发展的宝贵资源。发展乡村旅游，离不开自然景观与人文景观有效契合。然而，自然景观与人文景观孰轻孰重？对于乡村旅游而言，自然景观只能够满足游客最基本、最低层次的消费需要，而人文景观能够满足游客深层次、高级别的消费需要。乡村的自然景观是固有的、无法改变的，具有很大的限定性，使得乡村旅游发展表现出很大的局限性。而乡村的人文景观是人为的、容易改变的，具有很大的可控性，为乡村旅游提供了无限的发展空间。自然景观欠缺的乡村也能够充分发挥主观能动性，积极作为，通过打造人文景观，发展乡村旅游，从而契合全域旅游的发展理念。当下，乡村旅游仅凭良好的自然生态环境取胜的时代早已过去。面对激烈的旅游市场竞争，乡村旅游既要保护环境，维护生态，更要积极作为，努力开发具有特色的体现本土人文气息的旅游产品（如山地运动、野外求生、摄影写生、修学悟道、赏花赏月、劳作竞赛、攀岩探险、水上漂流、健身养生等），才能创收致富，更好更快地实现乡村振兴。

（三）从"种庄稼"到"种文化"：坚持融合发展原则

旅游是一种心灵的体验，旅游的灵魂和根基在于文化。离开文化发展旅游，犹如离开商品发展商业，灵魂不在，根基不存，发展必将无以为继。文化是旅游走向繁荣发展的关键，任何对优秀文化的保护与传承都是对旅游自身的保护与发展，反之，任何对优秀文化的遗弃与伤害都是对旅游自身的遗弃与削弱，乡村旅游亦不例外。因此，乡村旅游业应该改变长期以来的传统发展模式，从根本上重视文化建设，保护并深入挖掘本地优秀传统文化，创新开发出形式多样、内涵丰富、特色彰显的文化产品，形成"种文化"的发展模式。这要求乡村旅游坚持融合发展的基本原则，"推动更多资本、技术、人才等要素向农业农村流动，形成现代农业产业体系，促进第一、二、三产业融合发展"，进而促使乡村由单一的农业经济向多种产业融合并存的多元化经济转化，拓宽并优化乡村产业结构，全面实现乡村振兴。乡村文化的种类有很多，既包括传统历史文化，如民俗风情、古村落（寨）、古民居、古祠堂、古牌坊、古道路、古桥洞、古碑亭、古器具、传统民艺、传统戏曲、民族舞乐等；又包括现代新兴文化，如劳作竞赛、美食大赛、才艺比拼、欢庆丰收节等。从"种庄稼"到"种文化"的转化要求既保护与传承传统历史文化，又重视与发展现代新兴文化。一方面，挖掘优秀传统文化，注重文化传承创新，将那些濒临消失的风土人情、传统礼仪、老房子、旧村寨、破家具、传家宝、看家绝活等以活态方式保护起来，不断进行传承与创新；另一方面，拓宽农业附加值，注入"种庄稼"的过程体验，如举办插秧比赛、秋收比赛、最大果实评比、美食文化节等，通过主题开发、文化展示、网络营销等方式推向市场，提高乡村知名度。

（四）从"当配角"到"唱主角"：遵循农村发展规律

农村是农民的村庄，农民是农村的乡民。农村是属于农民的，农民亦是归于农村的。农村与农民不能分离亦不可分离，两者息息相关、荣辱与共。

实施乡村振兴，发展乡村旅游，必须走近农民、信任农民、依赖农民与服务农民，充分调动与发挥农民的积极主动性，遵循农村发展规律，融合多种产业，优化农业结构，始终把农民的利益置于首位。乡村旅游发展不能以任何理由与借口将农民拒之门外，更不能以规划、投资、开发为由损害农业、牺牲农民。在乡村旅游开发中，要坚决杜绝排斥农民、破坏农业等现象发生。"把传统村落里的老百姓迁出去，把房子租给外来人或由公司经营，雇一些人表演性地再现传统文化与乡村技艺，或者破坏地形地貌和景观生态大兴土木再造景点，这些做法均与乡村振兴战略的理念背道而驰，也难以做到乡村文化的保护、传承与创新"，更无法实现乡村旅游的健康、绿色与可持续发展。农业、农村与农民融合统一于乡村文化之中，构成一个"三位一体"、无法分割的系统。脱离了农民，乡村旅游必将变得空洞单调、矫揉造作，流于形式，丢失根基，失去持续发展的生命力。农民在农村开展农业劳动的生活过程可以转化成旅游服务和开发经营过程，唯有将二者有机结合为发展共同体与利益共享体，才能充分激发农民参与旅游开发、传承乡土文化的主动性和积极性，从而实现乡村旅游发展的良性循环。

第二节　乡村振兴战略下乡村旅游 合作社发展

乡村旅游是乡村振兴的产业发展选择，乡村旅游合作社是促进乡村振兴的有效载体，研究乡村旅游合作社的发展对于乡村振兴具有重要的现实价值。阐述乡村旅游合作社的含义及基本特征，简要分析其发展现状，剖析了合作社在基层干部辅导能力、合作社管理人才、合作社抗风险能力等三个角度的发展困境，提出了形成乡村旅游合作社发展的指导性意见、将合作社打造成乡村"双创"平台、打造合作社联社等有助于乡村旅游合作社发展的创新策略。

乡村旅游是乡村振兴的产业发展选择，是践行乡村振兴的嬗变路径。2015年11月江西省第一家乡村旅游专业合作社"萍乡市武功山红岩谷乡村生态旅游专业合作社"成立，拥有社员22户，带动了乡村180余人就近就业。江西大余县、于都县等通过"景区＋旅游合作社＋贫困户""旅游合作社＋贫困户"等模式，吸纳农户、贫困户以土地、房产、劳动力、自有资金或扶贫资金等要素入股，积极探索了旅游扶贫与合作社协同发展的新思路新实践，开创了乡村旅游扶贫新局面。乡村的振兴和乡村旅游的发展需要源自基层的实践创新，也需要来自于政府层面的政策扶持。2016年年底国务院颁布的《"十三五"旅游业发展规划》明确提出"创新乡村旅游组织方式，推广乡村旅游合作社模式"。2017年"中央一号文件"在"大力发展乡村休闲旅游产业"中首次提出"鼓励农村集体经济组织创办乡村旅游合作社"。目前乡村旅游合作社已经从基层的实践创新转变为各地旅游发展的重点工作，乡村旅游合作社成为促进乡村振兴的有效载体。

在乡村振兴战略推进和乡村旅游大开发形势下，如何引导和激励乡村旅游合作社的健康发展，是当前政府、业界和学术界共同关注的热点问题。本研究通过对乡村旅游合作社的含义和基本特征的分析，以及乡村旅游合作社发展现状、发展困境的剖析，提出相应的政策建议，这对于我国乡村旅游合作社的理论研究和实践指导均具有重要的意义。

一、乡村旅游合作社的含义与基本特征

乡村旅游合作社是在农村家庭承包经营基础上，由以农民为主体的乡村旅游经营者自愿联合、依法经营、民主管理的按照市场机制运行的互助性经济组织。

（一）农村家庭承包经营制度是乡村旅游合作社建立的重要基础

农村家庭承包经营制度是我国农村的一项基本制度，是集体组织将土地等生产资料承包给农村家庭进行经营的农业生产形式。从法律属性上来说，乡村旅游合作社是依照《中华人民共和国农民专业合作社法》（以下简称《合作社法》）建立的农民经济组织，是农民专业合作社的一种类型。2018 年 7 月新实施的《合作社法》第二条指出"本法所称农民专业合作社，是指在农村家庭承包经营基础上，农产品的生产经营者或者农业生产经营服务的提供者、利用者，自愿联合、民主管理的互助性经济组织"。因此，乡村旅游合作社经营的核心要素如土地承包经营权、林地经营权，以及集体组织的其他一些资产，在农村家庭承包制度的基础上，才得以变资源为资本，推动乡村旅游合作社的合法组建，合作社社员才能充分发挥生产经营的自主权和主动性，并依法享有生产资料及其增值产出的占有权、使用权、分配权等。

在当前乡村旅游合作社的发展实践中，以土地承包经营权、林权等农村家庭承包经营基础上所赋予农户的权益，常可以作价出资、量化入股，与资金、科技、劳动力等要素集聚，组建成具有要素股份化特征的乡村旅游合作社，探索着符合当前农村新型合作经济发展态势下的乡村旅游资源集约化发展模式。

（二）农民是乡村旅游合作社发展的核心主体

农民富裕是乡村振兴的根本，是当前我国消除贫困、改善民生的重大任务。发展乡村旅游，是农村新产业新业态，其目标之一是提高农民收入，增加农民福祉。乡村旅游合作社的发展实践中，农村能人、专业大户、农村新乡贤、返乡大学生等新型农民在政府引导、企业引领或者自己创办等方式下，组织农村社区农民组建和经营合作社，发展休闲农业，开发乡村旅游。多元化参与的乡村旅游合作社必须以农民为主体，不能在发展中脱离农民，抛弃农民利益，否则，合作社将异化成资本下乡掠夺农村财富的工具。《合作社法》第二十条规定农民社员至少要占社员总数的 80%，农民必定是合作社发展的核心主体，这样才能真正体现合作社是农民的合作社，农民是合作社的主人，真正体现合作社为农民服务的宗旨。

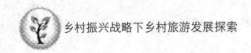

（三）自愿联合、依法经营、民主管理是乡村旅游合作社经营的基本原则

坚持农民自愿的原则。乡村旅游合作社是农民自己的组织，任何机构或个人均不能强迫农民加入或退出合作社。农民享有"入社自愿、退社自由"的权益。在合作社发展中要充分尊重农民的意愿，地方政府或机构不能因政绩需要、利益纠纷而以行政干预手段，或强迫命令，或包办包干，违背农民意愿。

坚持依法经营的原则。制定和修改《合作社法》，是为了农民合作社的发展，使合作社的组织更规范，行为更合法。对外保障了农民合作社与其他市场主体一样，享有平等的法律地位，也意味着合作社的生存和发展都需要按照市场机制运行，参与激烈的市场竞争，适者生存，不适者淘汰。对内保障了合作社的日常经营及农民社员的合法权益，从社员资格、出资方式、股份要素、生产标准、管理制度、盈余分配等方面规范和约束合作社及社员行为，使合作社内部管理能实现现代企业化管理，增强参与市场竞争的能力。

坚持民主管理的原则。民主管理是合作社区别于其他企业组织的显著特征，《合作社法》对合作社的民主管理提出了具体要求，落实好《合作社法》，搞好合作社的民主管理，才能体现"以服务成员为宗旨"，为合作社成员提供互助性的生存经营服务。服务社员不以营利为目的，通过合作互助，民主管理，提高合作社办社效益，提高农民的收入，从而提升农民的入社积极性，提升农民参与市场的能力。

二、乡村旅游合作社发展的现状

（一）乡村旅游合作社起步晚、发展快

我国乡村旅游的发展始于 20 世纪末 80、90 年代，"吃农家饭、住农家院"

的"农家乐"发展模式吸引了不少城市旅游者，但处于自我发展时期，缺乏政府引导以及规范管理。随着新农村建设、美丽乡村、产业扶贫、乡村振兴等战略的不断推进，乡村旅游已成为我国旅游产业发展的生力军。传统的农家饭、田间采摘等乡村体验活动已无法满足城乡居民的休闲文化需求，乡村旅游进入到内容升级和服务升级的快速发展阶段。2007 年《农民专业合作社法》的实施前后，众多的农民专业合作社以种植业、养殖业等作为主业，农家乐、田园采摘等旅游服务仅仅是作为合作社的副业，还不是真正意义上的旅游专业合作社。

2015 年下半年国家将旅游项目纳入专项建设基金支持领域以来，2016 年"中央一号文件"提出"大力发展休闲农业和乡村旅游"，2017 年到 2019 年国家文化和旅游部、国务院扶贫办、农业局、国家发改委等部委颁布或联合颁布的一系列的支持乡村旅游的政策密集出台，为乡村旅游发展和乡村旅游专业合作社兴起提供了政策措施和保障，地方政府也为旅游专业合作社的规范发展制定了相关的政策意见。如四川省 2016 年 4 月出台了《关于大力发展乡村旅游合作社的指导意见》，到 2016 年年底，四川省就注册各类旅游专业合作社 2 953 家，占农民专业合作社总量的 5%，乡村旅游合作社的发展进入到快车道。

（二）乡村旅游合作社发展模式多样化

牵头领办或创建合作社的多是乡村能人、经营大户、村干部、返乡大学生等，一方面他们要引导农户、贫困户以自有资金、扶贫资金、林地经营权、土地经营权、房屋等资源要素以专业合作、股份合作等方式加入合作社，另一方面他们要吸引旅游公司、龙头企业等也以股份合作、合同制等利益联结方式参与乡村旅游开发，进行市场开拓。除了上面提到的大余县、于都县的"景区 + 旅游合作社 + 贫困户""旅游合作社 + 贫困户"等模式外，乡村旅游合作社的经营模式还有诸如"公司 + 旅游合作社 + 农户""旅游合作社 + 景区 + 农户""村集体 + 旅游合作社 + 农户""旅游合作社 + 基地 + 农户"等模式。旅游合作社的领导者或管理者须结合村民意愿、当地实情，选择适合本地旅游资源和市场开发的合作社经营模式。无论选择哪种经营模式，乡村旅游合作社都须秉承服务农民的宗旨，增强农民进入市场的组织能力和抗风险能力，有效提高农民收入，提升农民参与乡村旅游开发的积极性。

（三）乡村旅游合作社经营业务多元化

农民专业合作社的成立，从合法性上说需要在当地的工商行政管理局登记注册，其合法的经营业务应当是在登记注册时的业务范围内。乡村旅游合作社的经营业务范围在登记注册时就须说明，经营业务呈现多元化的特点。从旅游服务提供的角度，可以分为三大类。第一类是只从事乡村旅游项目开发和乡村旅游业务，如婺源县远上寒山乡村旅游专业合作社在其工商注册时的业务范围是生态旅游、民俗旅游，提供的只是旅游产品和服务。第二类是以乡村旅游服务为主、种养业为辅，主要提供餐饮、住宿、休闲体验等旅游活动和产品，如宜春市明月山品儒庄园乡村旅游农民专业合作社的注册经营业务范围是土特产及旅游产品的生产、销售，餐饮、住宿、休闲娱乐等旅游活动服务，辅以种植水果蔬菜、养殖鸡鸭鱼等。第三类是以乡村旅游服务为辅、种养业为主，在种养业销售的基础上提供动植物观赏、田园采摘垂钓等休闲趣事活动，如宜春市硒水鹿园乡村旅游专业合作社的注册经营范围以梅花鹿及其他畜禽、水产养殖销售，生态旅游观光、乡村旅游农家乐为辅。

早期的农民专业合作社主要是单纯从事农业生产经营，由于旅游休闲活动需求少，涉及的旅游服务也不多，其注册的合作社名称也很少带有"旅游"或"乡村旅游"字词。随着乡村旅游市场的需求增加，简单的农家体验不能满足消费者对乡村特色文化的需求，越来越多的合作社除了使用"旅游""乡村旅游"字词外，在注册的名称上体现提供旅游休闲活动的特点，展现其经营业务的特色。这些变化正好说明农民专业合作社的业务服务范围，从基础的农业生产销售到第一、二、三产业的农旅融合、文旅融合。农业与旅游业在乡村旅游合作社载体上的融合，实现了农村资源要素的有效契合，节约了农民与市场的对接成本，切合了乡村旅游发展的变化趋势。

三、乡村旅游合作社发展的困境

与农民专业合作社最初的发展状况相似，乡村旅游合作社的发展同样存在着许多困境，如农民对乡村旅游合作社认知不足、政府扶持不力、内部管理不善、领头人不强等。根据笔者在基层的调查，仅从以下三个方面进行阐述乡村旅游合作社发展的困境。

（一）基层干部辅导乡村旅游合作社心力不足

基于政府的工作目标，乡村旅游开发中，政府的主导作用显然有其目的性和必要性。乡村旅游的发展离不开乡村旅游组织形式的创新，乡村旅游合作社是在政府部门相关政策引导下，通过农民自愿联合而成立的农民组织。在乡村旅游的政策宣传、基础设施建设、村民旅游知识技能培训等具体方面，政府发挥了重要的领导作用。

从中央到地方，支持乡村旅游合作社的相关政策频繁出台，如 2016 年年底国务院颁布的《"十三五"旅游业发展规划》提出"推广乡村旅游合作社模式"、2017 年"中央一号文件"提出"鼓励农村集体经济组织创办乡村旅游合作社"、2016 年四川省《大力发展乡村旅游合作社的指导意见》，彰显了政府对乡村旅游合作社发展的重视。然而，真正在基层干部落实当中，存在些先天不足。一是扶持政策"只响雷、不下雨""僧多粥少"，真正需要"钱财物人"的支持时，扶持政策很难落实，基层干部无所适从。二是牵涉的基层部门多，基层干部"不知该管不该管"，管理难。三是乡村旅游产业作为农村发展新型事物，许多基层干部缺乏相关经验，对乡村旅游合作社的发展缺乏能力辅导，心力不足。这样，乡村旅游合作社的发展必然出现"重成立、轻发展""重数量、轻质量"的短期政绩观，影响乡村旅游合作社的后期品质建设。

（二）乡村旅游合作社经营管理人才缺乏

乡村旅游合作社是现代企业制度的合作社，从其筹备建立、信用融资、社员入社退社、股份设立、盈余分红等需要现代企业管理的理念和方式。在旅游产品开发和活动策划上，传统农家乐和采摘垂钓并不能满足当前城乡旅游消费者日渐增长的文化休闲需求，无论是民俗文化的开发，还是农耕文化的挖掘，都需要合作社的管理者具备一定的历史文化知识和节庆活动策划能力。另外，在消费者市场的拓展上，需要"互联网＋"、新媒体营销手段的宣传和营销，运营微信公众号、旅游 App，成为合作社营销实力的体现。乡村旅游合作社的发起人或者带头人是乡村能人、专业大户等，基本是最初在经营种养业、农家乐等基础上发展而来，运营合作社的旅游产品创新、营销创新的管理能力不强，乡村旅游合作社普遍出现经营管理人才的缺乏。

（三）乡村旅游合作社抗风险能力弱

乡村旅游合作社不是福利组织，是要将农民联合起来，按照市场机制运行共同参与激烈的市场竞争。但乡村旅游合作社存在抗风险能力弱的状况，参与市场竞争的实力不强。从外在来看，乡村旅游合作社一般依托的是本村的旅游资源，普遍存在规模小的特点，能吸纳的本村村民社员大多在 10～30 余户，且经营项目单一，提供的旅游产品或服务同质化现象严重。前文提到的旅游合作社经营管理人才缺乏，旅游产品创新能力不足，市场开拓能力有限等，导致合作社缺乏创建核心竞争能力的实力，市场竞争力不强。内部管理控制上，由于社员主要是本村村民，甚至吸纳了众多的贫困户，社员的异质性大，使得社员管理难度大，缺乏凝聚力，社员合作意识缺乏，如在旅游商品销售或服务时争夺游客，易形成违反合作社管理章程或契约安排的非合作行为。在资金运作和管理、利益分配上，内部制度不完善，民主管理流于形式，违背服务社员的服务宗旨。

四、乡村旅游合作社发展的创新策略

（一）厘清各项支持政策，形成合作社发展的指导性意见，合力发力

关注"三农"的支农惠农政策层出不穷，但"三农"问题依然严峻，其中原因之一是政策支持"三农"所投放的资源处于碎片化运行状态，无法集中发力。针对如此情况，为做好乡村旅游合作社的发展工作，山东省东营市旅游局在 2010 年就发出了《关于大力发展乡村旅游专业合作社的通知》，四川省 2016 年提出了《大力发展乡村旅游合作社的指导意见》。其他地区各级政府也应针对本地方乡村旅游合作社发展的实际状况，通过对惠农政策的分类梳理，如扶贫政策、合作社政策，或者税收政策、补贴政策、保障政策等，理出乡村旅游合作社发展的若干支持政策，并形成支持乡村旅游合作社发展的指导性意见。这些指导性意见把各项政策合力形成专项支持政策，助力合作社的发展。另外，这些指导性意见对于基层干部来说，既能有针对性地帮扶乡村旅游合作社的发展，又能提升基层干部的政策解读能力和执行能力。当然，对基层干部业务能力也有必要进行专项培训，能解农民之所惑，以加强干群关系。

（二）将乡村旅游合作社打造成乡村"双创"平台，引智引资

近年来乡村"大众创业、万众创新"的"双创"热潮不断，围绕着农村经济社会发展，乡村创客们在农村电商、新技术推广、乡村旅游、乡土文化传播等方面，用实际行动做乡村振兴的践行者。乡村旅游合作社为农村绿色发展增添了新动能，在"双创"热潮下，将乡村旅游合作社打造成返乡大学生、返乡创业农民工、返乡退伍士兵、乡间能人等的乡村"双创"平台，有利于社会资本的汇集和创业能人与管理人才的引入，成为助农兴农

的有力平台。

政府在乡村"双创"活动中打造工作新思路。在乡村旅游发展上，政府除了引进一些旅游公司、农业园区等之外，要将农民自己的互助性经济组织——乡村旅游合作社作为工作内容之一，吸引返乡创业农民工、返乡大学生等发起或加入乡村旅游合作社。结合新时期消费者需求特点，将"互联网+农业""互联网+旅游"、新媒体营销等互联网时代的新技术新模式引入乡村旅游合作社的发展，让合作社搭上乡村"双创"的快车，享受乡村"双创"平台的各种政策扶持，为乡村振兴助力。

（三）乡村旅游合作社联合创建联社，提升化险御险能力

由于乡村旅游合作社发展仍处于起步阶段，规模小，旅游产品和服务单一，经营管理人才缺乏，内部制度不完善，抵御市场风险能力弱。由政府牵头，市场运作，将各乡村旅游合作社联合，或者和其他专业合作社联合，打造乡村旅游合作社联社，将有利于各成员社提升化解风险抵御风险的能力。地方政府对联社的指导、管理和政策支持，从管理效率上来说将优于面对单一的合作社的服务。打造联社，可以根据各地的实际情况，在乡域、县域，甚至市域范围内开展。联社可以在旅游规划、旅游产品开发、社员培训、营销推广和市场开拓等方面解决单一合作社成本大、效果差的问题。联社为各成员社提供整体规划和指导服务，各成员社在联社的统一领导下，结合乡村旅游发展的"一乡一品""一村一品"等策略，努力挖掘红色、古色、绿色等本乡本村的乡土资源，共享旅游资源，同拓旅游市场，共御市场风险。

乡村旅游合作社只是乡村振兴战略下乡村旅游发展的组织形式之一。"公司+农户"的乡村旅游公司、农业观光园景区等乡村旅游组织模式，与当地农民的利益联结弱，农户只是典型的打工仔。"乡村旅游合作社+农户"的乡村旅游发展组织模式，以农民社员为主体，其以房屋、土地、林权、资金等多种资源要素入股，共同开发乡村旅游资源，共筑农村新型合作经济。发展

好乡村旅游合作社，能让村民共享乡村旅游资源开发的红利，共同谱写乡村振兴的篇章，实现农民、乡村旅游合作社、政府的多方共赢。

第三节 乡村振兴战略下乡村旅游扶贫实践路径

一、乡村旅游与精准扶贫融合发展

（一）国家顶层设计乡村旅游精准扶贫

2013 年，习近平总书记调研脱贫攻坚时，提出了"精准扶贫"理念；《政府工作报告》提出要创新扶贫模式，构建扶贫工作机制，实施精准扶贫；旅游扶贫首次作为扶贫方式之一被写进政府扶贫纲领性文件《中国农村扶贫开发纲要（2011—2020 年）》。中央领导系列指示及上级文件的贯彻落实，为乡村旅游扶贫开展提供了政策依据、发展目标和行动指南，助推了旅游扶贫进入可持续发展和精准化阶段。

（二）乡村振兴催生旅游脱贫攻坚新作为

党的十九大报告，首次提出乡村振兴战略。2018 年年初，中共中央、国务院印发了《关于实施乡村振兴战略的意见》，部署了"产业兴旺、生态宜居、乡风文明、治理有效、生活富裕"的总体要求，明确了乡村振兴战略的目标任务，顶层设计了解决"三农"、精准扶贫问题的系列重大举措。实践证明，乡村旅游与精准扶贫相融合是旅游产业发展的内生"推力"与政府精准帮扶的外在"拉力"同向而行，"合力"汇聚，是旅游脱贫攻坚、乡村振兴战略的助推器。

二、乡村旅游扶贫的内涵与意义

（一）乡村旅游扶贫内涵

乡村旅游业是一个关联度高、涉及面广、辐射带动力强的综合产业。乡村旅游扶贫是指贫困地区依托旅游资源条件、市场基础和区位优势，发现和培育乡村价值，基于乡村价值与乡村旅游相结合带动旅游经济发展和区域经济发展，并通过对贫困户的精准识别、精准帮扶、精准管理，实现"真扶贫、扶真贫"、精准脱贫，是"授人以渔"的"造血式"产业扶贫。在乡村振兴新时代下，乡村旅游扶贫以其新兴的产业活力、强大的市场优势、强劲的造血功能、广泛的带动作用，成为脱贫攻坚的生力军。

（二）乡村旅游扶贫意义

1. 拓展就业渠道，增加农民收入

贫困地区大力发展乡村旅游产业，必将带动区域餐饮业、住宿业、交通运输业等其他行业产业的协同发展，形成人流、物流、信息流和资金流的互融互通，激发旅游乘数效应。相关产业的繁荣必将直接或间接拓展就业渠道，催生就业岗位，助推农民从土地经营权流转、农副产品加工等方面创收增收。

2. 延伸乡村旅游产业链，促进产业结构优化升级

大力发展乡村旅游产业，深度挖掘贫困地区自然环境、风土人情、手工技艺等旅游资源，培育采摘园、农事体验、农（渔）家乐等特色农业，延伸旅游产业链和特色产品价值链，有利于解决产业结构不合理、产业化程度不高等一系列问题，助推传统农业转型升级，催生现代农业产业化，实现第一、二、三产业的协同效应。

3. 改善农村基础设施，优化农村生活环境

依托旅游资源，实施乡村旅游脱贫攻坚，必将加大乡村旅游基础条件及相关配套设施建设，改善水电、交通、网络等互联互通状况，提升村容村貌，优化农村生产、生活、生态环境，有利于乡村振兴战略下打造一批环境优美、生态宜居、生活富裕的美丽新乡村。

4. 提升人口可持续发展能力，推进乡风文明

乡村旅游发展形成了人才、资金、信息和商机的信息畅通，为贫困地区打开了解城市文化与文明、更新观念与认知的窗口。政院行企的智力支持与技术支撑，提升了农村人口综合素质和就业创业能力。基础设施的改善，村容村貌的提升，乡村治理高效，乡村生活富裕，有利于物质文明和精神文明的协同推进。

三、济宁乡村旅游扶贫困境

以微山岛镇里张阿村、嘉祥纸坊镇青山村等为代表的全国乡村旅游扶贫重点村（示范村），上九山古村、南阳古镇等乡村旅游示范景区（村镇）进行了实地调研。调研显示，乡村旅游扶贫存在以下制约因素。

（一）立体规划不足，融合联动性不强

区域乡村旅游规划缺乏系统性，传统旅游条块分割、各自为战的藩篱仍旧没有完全打破，致使乡村旅游规划的适宜性、落地性、操作性、特色性有待提高。乡村旅游＋精准扶贫融合联动性不强，存在思路不明、资金不足、信息不畅、责任不清等问题。

（二）主体地位缺失，市场与参与意识缺乏

农民在乡村旅游开发、旅游经营管理中的主体地位尚未确立，尤其是思

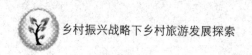

想上的主体意识远没有树立。传统观念影响，市场意识淡薄，专业知识不足，主动参与度不够，严重制约了乡村旅游资源的开发与项目落地。

（三）动态化管理缺乏，扶贫机制不完善

政府部门扶持政策衔接协调不够、扶贫对象精准识别度不高、动态管理与退出机制不健全等问题凸显，导致扶贫资源配置效率低，扶贫效益不佳。扶贫机制不完善，产生利益相争、工作推诿、责任推脱。扶贫实践中，偶发"争贫困""争帮扶"现象，严重影响村"两委"基层组织的公平公正。

（四）旅游产品竞争力缺乏，专业人才不足

系统规划不足，导致旅游发展模式雷同，旅游产品同质化严重，核心竞争力及产品附加值有待进一步提升。农村留守儿童、空巢老人居多，乡村空心化严重，专业型、学习型人才缺乏，严重影响旅游项目落地与运营。

四、济宁乡村旅游扶贫实践路径

（一）龙头带动，打造高效村"两委"与实力业主

村"两委"班子是乡村的基层组织，是带领群众脱贫致富奔小康的"领头雁""排头兵"。力抓基层组织建设、作风建设，健全沟通协调机制、约束监督机制、追责问责机制，打造抓落实、干实事、促脱贫的团结集体，力促精准脱贫攻坚见实效。"产业发展快，全靠龙头带"，乡村旅游产业发展需要引进实力业主，探索"龙头企业＋农户""公司＋合作社＋农户"等乡村旅游发展模式，推广景区带村、能人带户等精准脱贫经验，充分发挥旅游市场多元主体作用。

（二）精准管理，完善乡村旅游扶贫体制机制

坚持"实事求是，因地制宜，分类指导，精准扶贫"工作方针，聚焦"扶

持谁、谁来扶、怎么扶、怎么退"等关键问题，全面落实乡村旅游扶贫精准识别机制（明确帮扶对象、致贫原因、发展基础、帮扶方式等）、精准帮扶机制（制订帮扶计划、对接责任主体、精选帮扶项目等）、精准管理机制（制定协同联动、精细管理、责任监督、收益保障等举措）、精准脱贫机制（制定信息反馈、考核评估、动态退出等办法），形成乡村旅游扶贫长效机制，提高精准化程度。

（三）优化整合，延伸乡村旅游产业链与价值链

整合贫困地区资源、区位、文化等自身优势，重塑农村产业结构，培育特色主导产业。推进乡村旅游与农业、林牧业、工业、文化产业、医养健康等互融联动，衍生旅游业态，形成乡村第一、二、三产业融合发展，促进乡村特色农副产品、手工艺品、旅游纪念品产业化，打造"旅游＋民俗风情＋民俗体验＋特色农业""旅游＋田园风景＋民俗文化＋乡村历史＋特色餐饮"等多样化产业链条，延伸乡村旅游产业链和农副产品价值链，实现产业间的联动效应。

（四）打造特色，推进旅游资源转化与商品开发

旅游资源是发展乡村旅游的前提，是打造特色乡村旅游和特色旅游商品的基础。乡村旅游发展一般遵循景区景点带动、乡村旅游带动、旅游商品带动三种模式。积极促进景区景点的吸引力和影响力向周边乡村延伸辐射，创造性把农村的生产、生活资料转化成具有观光、体验、休闲价值的旅游产品，开展精品线路主题创意和产品创新，树立贫困地区乡村旅游特色品牌。

（五）推进"旅游 ＋"模式，创新网络营销与宣传推广模式

积极推进"旅游＋"模式，培育乡村旅游新业态、新模式，振兴乡村旅游经济。与省内外旅行社对接，设计与开发旅游线路，多形式多渠道开展旅游线路宣传营销；依托地方政府、旅游主管部门、电视广播、网络媒体、在

线旅游供应商等，开展全方位、立体化营销。推进"乡村旅游＋互联网"模式，成立乡村旅游营销专业合作社，形成乡村旅游"智慧"服务商业模式，开展旅游产品网上预订与在线销售，提升乡村旅游美誉度和影响力。

（六）注重人才，构建乡村旅游人才培养和培训体系

乡村旅游扶贫应加大人才引进、培养与培训力度，积极与省内科研院所、景点景区、旅行社、行业协会等企事业单位对接，科学构建乡村旅游人才培养与培训体系，有针对性地制订培训计划，分批分级开展不同规模、不同形式的研讨交流与技能培训，围绕经营管理、食宿接待、网络营销等开展结对帮扶，全面提高乡村旅游从业人员整体素质，更新观念、主动参与，克服"等靠要"思想，激发贫困人口内生动力。

乡村振兴战略下，探索区域乡村旅游扶贫实践路径，助推贫困地区供给侧结构性改革，在改善乡村生态面貌、产业要素流动方向、经济社会发展方式的同时，唤醒乡村文化复苏，助力乡村振兴战略总体要求与目标实现。

第四节　提升乡村旅游发展质量推动乡村振兴战略实施

全面推进乡村振兴是党的十九大作出的重大决策部署。山东要充分发挥农业大省优势，打造乡村振兴的齐鲁样板。乡村旅游资源丰富基础较好，完全有条件在全国率先打造乡村旅游的样板。乡村旅游高质量发展是实现乡村振兴的重要方面。乡村旅游规模迅速扩大后，乡村旅游转型升级、提质增效已成为乡村旅游发展面临的主要问题。2018 年 7 月至 11 月，调研组围绕加快乡村旅游高质量发展，推动乡村振兴战略实施这一课题，先后赴甘肃、陕西两省考察学习，在省内深入临沂、日照等市的乡村旅游点实地了解情况，同时还委托威海、德州等市协助调研并提供情况。在此基础上，调研组坚持问

题导向，多次讨论研究形成调研报告。

一、发展乡村旅游是乡村振兴的重要驱动

截至目前，全省规模化发展乡村旅游的村庄达到 3 500 多个，乡村旅游经营业户 8.4 万户，吸纳安置城乡就业人口 52 万多人。2017 年，全省乡村旅游接待游客 4.45 亿人次，超过全省旅游接待总数的二分之一，实现乡村旅游消费 2 549 亿元，超过全省旅游消费的四分之一。2018 年前三季度，全省乡村旅游接待游客 3.59 亿人次，乡村旅游消费总额 2 032.74 亿元，同比分别增长 12.29%和 15.50%，乡村旅游已经成为乡村振兴的重要推手。

（一）发展乡村旅游促进乡村产业振兴

近年来，通过发展乡村旅游，山东省建设了兰陵国家农业公园、寿光蔬菜高科技示范园、济宁南阳湖农场等 100 多处不同产业类型的乡村旅游园区。打造了济南齐鲁八号风情线、蓬莱丘山山谷、肥城桃文化等 30 多个乡村旅游集群片区和安丘市齐鲁酒地健康小镇、沂水县传奇崮乡小镇、夏津县德百小镇等 20 多个精品旅游小镇，涌现出一批产业特色突出、经济效益明显的田园旅游综合体。乡村旅游收入已成为乡村集体经济收入的重要来源。

（二）发展乡村旅游促进乡村人才回归

从 2013 年开始，山东省不断加大对乡村旅游和旅游扶贫从业人员的培训力度，连续 6 年组织 6 900 多名乡村旅游带头人赴日本、法国、意大利、中国台湾等地学习培训。这些人员已经成为山东乡村旅游发展的骨干力量和项目带头人，2 000 多个乡村旅游资源禀赋好的村庄得到开发和提升。乡村旅游的蓬勃发展吸引了一批文化创意、设计策划、市场营销、服务管理等方面的从业人员回乡创业。

（三）发展乡村旅游促进乡村文化繁荣

近几年，通过泰山人家、沂蒙人家、泉水人家、胶东渔家等乡村旅游品牌的打造，通过对淄博新城镇、泰安大汶口古镇、莱芜茶叶口镇、临沂压油沟村等古村镇的保护开发，利用传统的花会、灯会、庙会、山会、歌会等民俗活动，有力地推动了乡村文化的发展。

（四）发展乡村旅游促进乡村生态保护

通过对农村的乡野环境、森林、植被、湿地、水源等资源的保护开发，实施生态修复和生态再造，建成了临沂竹泉村、淄博峨庄、枣庄台儿庄、济宁十八盘、滨州三河湖村等一批原生态乡村旅游区，带动周边生态环境不断改善。从 2015 年开始，连续实施"旅游厕所革命"，加大对乡村旅游厕所的改造力度，改善了农村卫生环境。在乡村旅游发展较好的村庄，"三堆"（粪堆、土堆、柴堆）基本消失，绿水青山得到有效恢复，村民的生态环保意识越来越强。

（五）发展乡村旅游促进基层组织建设

乡村旅游发展壮大了村集体经济，带动了基层党组织建设，增强了基层党组织的凝聚力。兰陵县代村党支部发挥战斗堡垒作用，抓党建抓旅游，成为乡村振兴样板，支部书记王传喜被评为全国"时代楷模"；沂南县铜井镇成立马泉旅游圈党委，党委下设 4 个职能支部和 5 个旅游产业党支部，打造"党建＋旅游"新模式。乡村旅游的发展促进了乡村社会的文明进步，巩固了基层组织建设。

（六）发展乡村旅游带动农民脱贫致富

通过自主开发、大项目带动、合作社＋农户、公司＋农户等扶贫模式，全面实施旅游扶贫，利用土地流转、入股分红、提供岗位等收益方式，促进贫困人口增收致富。淄博市博山区中郝峪村，村民以各类资源入股成立旅游公司，开发休闲农业与乡村旅游项目，从人均年收入不足 2 000 元的贫困村发展到人均年收入 3.8 万元的富裕村。

二、现阶段我省乡村旅游发展中值得重视的问题

我省乡村旅游的发展点多面广量大，已经走在了全国前列，但我省乡村旅游发展的质量不高，影响提质升级的因素还有很多，主要表现在以下几个方面。

法规政策宣传落实不到位，政策集成力度不够。近年来，国务院和各部委陆续出台了一系列支持乡村旅游发展的政策措施，省委、省政府也下发了促进乡村旅游提档升级方案等多个文件，但这些政策利好并没有得到有效利用和充分发挥，尤其是通过政策集成集中解决乡村旅游发展资金、土地、环保等方面的困局仍然没有解开。2016 年新修订的《山东省旅游条例》把乡村旅游发展单设一节，对乡村旅游设定专门的扶持条款。但是，从问卷调查的结果来看，基本了解条例的乡村旅游经营户还不到 60%，仍有 40% 多的乡村旅游经营业户不太了解或者完全不了解条例的有关内容。许多乡村旅游经营者对省里出台的乡村旅游扶持政策不清楚，有的政府机关工作人员对政策拿不准、吃不透，造成政策在"最后一公里"的落实上大打折扣。去年 6 月省物价局下发的《关于发挥职能作用推动全域旅游发展的指导意见》明确规定："将利用世界自然遗产、文化遗产以及重要的风景名胜区等公共资源建设的景区门票价格，由政府定价改为政府指导价管理。其他景区门票价格及景区内交通服务价格，实行市场调节价，由经营者自主确定价格水平。"调研中，有民营投资旅游景点的业主反映，国庆节前在落实重点国有景区降价过程中，有的市还参照国家发改委 2008 年下发的《关于整顿和规范游览参观点门票价格的通知》，对一些民营投资的普通景区也同国有名胜风景区一样实行政府指导价，这种"新政策不落实，老政策不放手"的做法，引发民营投资业主的

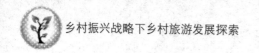

不满。

规划的科学性不够、约束力不强。全省有 130 多个县市虽然作了乡村旅游规划，但由于规划执行不力，导致建设时有些项目擅自变更。有些规划定位不当，不适合市场需求，科学性、合理性本身就存在问题，有的照搬他人模式，不符合当地实际，导致许多乡村旅游规划名存实亡。从旅游部门提供的数据看，全省仅有 56% 的乡村旅游区有正式规划，27% 的乡村旅游区规划不完整，17% 的乡村旅游区没有规划。比如，前几年主题游乐园被热捧，有的地方没有认真分析客源市场，盲目跟风上项目，建成开业时热闹一阵子，很快就被市场淘汰，现在许多主题游乐园处于闲置状态，造成大量资源浪费。

基础设施建设滞后、服务管理能力差。山东省乡村旅游资源好的地方，大多处在相对偏远的地区，水、电、路、气、暖及通信等基础设施建设跟不上，乡村旅游点的道路标识、停车场、厕所、游客服务中心、无线网络等设施配套不完善，很多地方的住宿条件、厕所卫生、就餐环境、餐饮安全等公共服务问题较多，乡村旅游点"脏、乱、差"的现象比较普遍。有的乡村旅游点厕所没有上下水设施，有的甚至还在使用旱厕，多数乡村旅游区（点）公路修建得较窄，停车场数量不足，游客进不去出不来的现象时有发生。

项目同质化、低端化问题较突出，与当地文化的融合度不高。多数乡村旅游点都是对现有的农田、果园、林场、水库等资源进行简单的改造或者仿照他人的开发模式，忽视了对成功范例的深入研究，缺乏创新设计和深度开发，没有把自然生态与当地优秀的传统文化进行很好的融合，致使乡村旅游的主题文化特色不鲜明。从全省看，区位优势突出、有影响力的乡村旅游点占比不到 40%，能满足游客多元化需求的乡村旅游项目和乡村旅游综合体数量偏少。多数地方的乡村旅游基本是自行设计、自己建设、自主经营，甚至一哄而上、盲目开发、重复建设、无序竞争，一定程度上存在"千村一面""千景一色"的现象。有的地方看到台儿庄古城效益不错，一个市就开发建设三四座古城，缺乏创新创意，必然会造成资源的浪费。

乡村旅游人才匮乏。据统计，全省仅有 30% 的乡村旅游从业人员接受过专业培训，50%的从业人员仅参加过少量培训，20%的从业人员基本没有经过任何专业培训。懂技术、会经营、善管理、能营销的乡村旅游人才和高素质从业人员较为稀缺，制约了乡村旅游的健康可持续发展。大多数村级组织负责人缺乏培训，对发展乡村旅游的思路、办法、措施等经验不足。尤其是适合发展乡村旅游的村镇大多地处偏远，外出人才回乡创业的积极性不高。

民宿管理制度缺失。全省登记在册的三星级以上民宿业户有 300 多家，无消防许可的民宿占比达 78%；三星级以下民宿业户超过 1.1 万家，无消防许可的民宿占比高达 95%以上，大多处于非法经营状态。《山东省旅游条例》明确规定：乡村和城镇居民利用自有房屋、院落或者其他条件依法从事旅游经营，对符合条件的，公安消防、卫生计生、食品药品监督管理等部门应当依法做出许可。调研中相关部门和民宿经营业主反映，民宿管理缺乏民宿治安消防管理规定和特种行业许可，是造成民宿非法经营的主要原因。民宿经营存在管理不规范、监管不到位、无序化发展等问题，存在很大的安全隐患。

三、对山东省乡村旅游高质量发展的意见建议

山东省乡村旅游发展已站在新的历史起点上。国家发改委印发了《促进乡村旅游提质升级行动方案（2018—2020 年）》。这充分说明发展乡村旅游是实现乡村振兴的重要突破口，各级都要进一步提高对乡村旅游重要性的认识，找准战略定位，找准路径抓手，找准措施办法，让乡村旅游成为打造乡村振兴齐鲁样板的重要引擎和动力。

加大对法规政策的宣传落实力度。乡村旅游发展要提质增效，首先要吃透法规政策精神做好人员培训。一是加大法规政策集成力度。把国家及省、市各级支持乡村旅游发展的法规政策进行梳理形成汇编，下发到县、乡、村级组织，方便学习和查阅。旅游主管部门要通过新闻发布会、电视、广播、网站、微博、微信等多种途径，对支持乡村旅游发展的法规政策进行捆绑宣传，扩大社会公众知晓面。二是加大培训力度。对主管乡村旅游发展的各级

干部定期进行轮训，省、市、县三级联动组织，邀请文化和旅游、发改、财政、自然资源、农业农村等主管部门和旅游方面专家学者进行政策的宣讲和解读，组织现场教学，采取多种措施提高相关人员的法规政策水平和管理服务能力。三是加大督察力度。由人大、政府相关部门分别对乡村旅游发展法规政策的落实情况适时进行督察，深入具体的乡村旅游点和项目跟踪问效，消除"中梗阻"，促使法规政策在基层落地生根，防止好的法规政策只停留在会议中、文件里、口头上。四是坚持规划引领。乡村旅游发展既要有全省的总体规划，也要有区域性的局部规划，还要有具体项目的详细规划，更要同乡村振兴战略规划相衔接，以此避免重复雷同，形成区域特色和差异化发展格局。规划一经确定，就要体现约束性和指导性，杜绝随意变动，若要变动就必须经过专家论证并履行相应的程序。

加强乡村旅游人才支撑。乡村旅游发展投入大、见效慢，乡村旅游点生活条件较差的现实，使之很难吸引高层次人才和高校旅游专业大学生投身乡村旅游发展。怎么办？一是就地育才，把当地热心乡村旅游发展的农民培养成乡村旅游人才。各级地方政府应充分利用大学、职业学院和专业机构的优势，对当地农民和乡村旅游从业人员进行专业化实用性培训，组织乡村旅游带头人和从业人员外出考察学习，有计划、有步骤地把普通农民培养成懂经营、会管理的乡村旅游发展人才，逐步把部分农民培养成当地景区的讲解员、导游员和从业者。二是筑巢引才，带动人才聚集。出台优惠政策，利用乡村的一些优质资源和有开发前景的项目，在引入社会资本的同时引进优秀的管理团队，以点带面，吸引回乡大学生、返乡农民工、青年创业团队、应用型策划营销人员等参与到乡村旅游发展的具体项目中来，实现互利共赢。日照市春风十里乡村文旅创意园，以"文创园区、旅游乡村、创客基地"的定位，目前已吸引60多名"乡村创客"入驻发展，其中来自北京、上海、青岛等地的各方面高层次人才30多人，发展势头良好。三是注重发挥行业协会、商会的作用。部分市、县成立的农家乐协会和旅游商会对乡村旅游发展起到了良好的推动作用。从实际情况看，这些协会、商会作为政府与企业之间的桥梁，向政府传递企业的发展需求，同时协助政府制定行业发展规划、产业政策和有关法规，制定并执行行规行约和各类标准；组织市场开拓，发布行业信息，开展行业调查、评估论证、培训、交流、咨询、展览展销活动等。政府主管部门应支持这些协会、商会规范发展。

突出特色创新发展。乡村旅游目前亟须提质增效创新发展，应从以下几个方面下功夫。一是以全域旅游的理念发展乡村旅游。全域旅游作为一种区域发展的新模式、新理念，将一个区域作为完整的旅游目的地打造，通过"旅游＋""＋旅游"实现城乡统筹协同、区域资源有机整合、产业融合发展、社会共建共享。在乡村振兴项目中主动体现旅游功能，围绕旅游理清发展的新思路，创造行业的新亮点，实现山青、水秀、林美、庄净、人和的乡村新面貌。二是打造主题特色突出的乡村旅游综合体。加快精品民宿、特色小镇、田园综合体、休闲农庄、现代农业园等项目建设。按照第一、第二、第三产业融合发展的理念，培育像东阿阿胶、济南宏济堂、平阴玫瑰小镇、菏泽牡丹园等规模化发展项目，打造一批旅游功能突出的乡村旅游综合体。发挥像胶东渔家、沂蒙人家、水浒人家、运河人家、湖上船家等乡村旅游品牌优势，构建齐鲁文化浓郁、主题特色突出的乡村旅游集群片区。三是加强文化等特色产业的开发保护。山东省传统古村落众多，依托国家历史文化名村、历史文化名人及乡村古街区、古建筑等，培育一批知名度较高的旅游村落，遴选一批历史悠久、特色鲜明的老旧村，打造成像沂南竹泉村那样的"看得见山、望得见水、记得住乡愁"的休闲度假旅游点；加强对雕栋石刻、名人碑文、历史古桥、农业遗迹等乡村文物的保护利用，因地制宜建设一批民俗博物馆、历史文化展室以及民俗旅游特色村；依托非物质文化遗产，培育一批传统戏曲、民俗表演、传统工艺制作、写生绘画等文化遗产村落，培养一批非遗传承人、民俗工匠、文化能人；培育区域特色产业品牌，如烟台苹果、淄博陶瓷、潍坊萝卜、"莱芜三辣"、菏泽牡丹、平阴玫瑰等地理标志传统品牌，促使古村落、乡村文化和特色产业融合发展。四是积极发展乡村定制旅游。定制旅游是根据游客的需求、以游客为主导的旅游产品消费新模式，游客可以根据自己的喜好和需求定制行程，选择自己想体验的活动和服务，最大限度地满足游客个性化需求。在消费升级的大背景下，定制旅游逐渐成为游客休闲度假的新标志，体验田园风光、乡村文化、民间风俗、风味小吃、健康养生，让游客慢下来、静下来细细体会。乡村旅游点之间往往交通不便，没有公共出行服务，这恰好是定制旅游的优势所在，政府应加以引导，打造符合时代发展的新业态。

强化措施保障。乡村旅游高质量发展需要强有力的措施保障。目前最需要解决落实的有以下几个方面。一是大力提升乡村基础设施建设和公共服务水平。推进农村环境综合整治，重点对乡村道路、污水、垃圾、水电气暖等进行整治改造，彻底解决农村"三堆"乱堆乱放现象。在乡村旅游集中片区规划建造停车场、公共厕所、咨询中心等公共服务设施，提升公共服务水平。加大乡村道路建设力度，将错车带、观景台、应急区等纳入建设规划，切实解决乡村旅游点道路不畅设施不完善的问题。二是落实设施管护责任。重建不重管的现象在乡村普遍存在，主管部门在投资建设的时候，就要考虑好建成后的使用和管理问题，使基础设施和公共服务设施发挥最大效用。通过购买服务和定点管护等方式，由具体单位和专门人员负责对建好的基础设施和公共服务设施进行管理和维护。三是完善乡村旅游发展的制度规范。民宿是乡村旅游发展中的新生事物，是很好的乡村旅游产品，但我省民宿管理一直没有明确的管理规范。

2016 年 8 月，浙江省公安厅出台了《浙江省民宿（农家乐）治安消防管理暂行规定》，同年 12 月，浙江省政府出台《关于确定民宿范围和条件的指导意见》，为浙江省民宿（农家乐）健康可持续发展提供了政策层面的保障，取得良好的效果。建议借鉴外省经验，由主管部门牵头出台相关规定，完善对民宿经营、许可、卫生、消防等方面的规范，从制度上规范民宿发展的一系列问题。四是鼓励社会资本投入乡村旅游发展。乡村旅游靠农民的自有资金是很难做到规模化、规范化发展的，要积极鼓励和引导社会资本投资发展乡村旅游。通过营造良好乡村旅游发展环境、创新社会资本参与方式、探索建立乡村旅游产业投资基金、加大乡村旅游贷款支持力度等方式，吸引多种经营主体的社会资本投资乡村旅游的发展。沂南县马泉村和竹泉村在引入社会资本发展乡村旅游方面就做得很好。马泉村原来是个有名的贫困村，村周边是杂草丛生的荒山坡，在引入山东吉利旅游开发有限公司后，通过整山治水、植树造林，把昔日的荒山土岭打造成集休闲采摘、农业观光、度假养生等功能于一体的现代农业休闲园区；竹泉村原来是个典型的空壳村，引入山东龙腾旅游集团开发，利用独特资源优势，与南京林业大学竹研究所建立合作关系，先后投资 1.5 亿多元，建成了一个具有农家风情特色的沂蒙山区综合性旅游目的地。

充分发挥各级人大代表和政协委员的作用。调研组在陕西省考察时发现，安康市中坝作坊小镇成立了许多由人大代表、政协委员牵头或投资的乡村旅游挂牌帮扶点，发挥代表、委员联系群众、帮扶群众的良好作用，在当地反响良好。陕西省有各级人大代表 13 万多人、政协委员 4 万多人，很多是当地的"能人""名人"，是一笔宝贵的财富，要发挥他们在脱贫攻坚乡村振兴中的带头引领作用。可以借鉴陕西安康的做法，在机关干部下派帮扶的基础上，发挥各级人大代表、政协委员的优势和特长，根据其本人的意愿，在其选区开展脱贫帮扶行动，采取自愿结对和组织牵线相结合的办法，与正在积极探索和推行"一清五帮十到户"（一清：贫困人口底数清。五帮：帮规划、帮资金、帮项目、帮培训、帮营销。十到户：产业扶持到户、就业岗位到户、用工名额到户、资产收益到户、持股分红到户、送智送教到户、结对帮扶到户、金融扶持到户、农产品采购到户、电商联通到户）扶贫模式相融合，在推广景区带动、能人引领、自主开发、项目带动、合作参股、企业帮扶、农家乐经营、农村电商等多种旅游扶贫模式中让代表、委员参与进来、深入下去，为全省乡村旅游发展和脱贫攻坚贡献力量。

参考文献

［1］邹荣. 宁夏乡村公共文化服务与旅游［M］. 阳光出版社，2021.

［2］徐丹华. "韧性乡村"认知框架和营建策略 基于小农现代转型背景
［M］. 南京东南大学出版社，2021.

［3］陈觉. 乡村旅游绿色供应链及其协调机制构建 前后台结构视角［M］. 武
汉：华中科技大学出版社，2021.

［4］王兴斌，任国才. 旅游百人谈 第 1 辑［M］. 北京：中国旅游出版社，
2021.

［5］罗云兵. 房车产业规划与运营实务［M］. 北京：中国旅游出版社，2021.

［6］金军. 乡村振兴战略背景下的农村社会发展研究［M］. 北京：中国华侨
出版社，2021.

［7］唐丽桂. 乡村振兴战略背景下农旅融合模式的理论与实践［M］. 成都：
西南财经大学出版社，2021.

［8］郭晓阳. 历史文化名村名镇创意设计理论与实践［M］. 北京：化学工业
出版社，2021.

［9］卢阳春，吴凡，刘敏，等. 川甘青滇四省藏区公共服务有效供给的调查
及对策研究［M］. 北京：经济管理出版社，2021.

［10］李翠珍，徐建春. 农户生计多样化与土地利用研究［M］. 北京：中国农
业出版社，2021.